胡逗洲民俗

【包容杂糅形成的独特个性】

HU DOU ZHOU MIN SU

严金凤 著

苏州大学出版社
Soochow University Press

图书在版编目（CIP）数据

胡逗洲民俗 / 严金凤著. — 苏州 ： 苏州大学出版社，2017.6
（江海文化丛书 / 姜光斗主编）
ISBN 978-7-5672-1959-5

Ⅰ.①胡… Ⅱ.①严… Ⅲ.①风俗习惯-介绍-南通 Ⅳ.①K892.453.3

中国版本图书馆CIP数据核字（2017）第103741号

书　　名	胡逗洲民俗
著　　者	严金凤
责任编辑	巫　洁
出版发行	苏州大学出版社
	（苏州市十梓街1号　215006）
印　　刷	南通超力彩色印刷有限公司
开　　本	890×1240　1/32
印　　张	5
字　　数	125千
版　　次	2017年6月第1版
	2017年6月第1次印刷
书　　号	ISBN 978-7-5672-1959-5
定　　价	18.00元

苏州大学版图书若有印装错误，本社负责调换
苏州大学出版社营销部　电话：0512-65225020
苏州大学出版社网址　http://www.sudapress.com

"江海文化丛书"编辑委员会

主　任：季金虎
委　员：李明勋　姜光斗　李　炎　施景铃
　　　　沈启鹏　周建忠　徐仁祥　黄振平
　　　　顾　华　陈　亮　吴声和　陈冬梅
　　　　黄鹤群　尤世玮　王建明　陈鸿庆
　　　　沈玉成

主　　　编：姜光斗
执行副主编：尤世玮　沈玉成

"江海文化丛书"总序

李 炎

由南通市江海文化研究会编纂的"江海文化丛书"（以下简称"丛书"），从2007年启动，2010年开始分批出版，兀兀穷年，终有所获。思前想后，感慨良多。

我想，作为公开出版物，这套"丛书"面向的不仅是南通的读者，必然还会有国内其他地区甚至国外的读者。因此，简要地介绍南通市及江海文化的情况，显得十分必要，这样便于了解南通的市情及其江海文化形成的自然环境、社会条件和历史过程；同时，出版这套"丛书"的指导思想、选题原则和编写体例，一定也是广大读者所关心的，因此，介绍有关背景情况，将有助于阅读和使用这套"丛书"。

南通市位于江苏省中东部，濒江（长江）临海（黄海），三面环水，形同半岛；背靠苏北腹地，隔江与上海、苏州相望。南通以其独特的区位优势及人文特点，被列为我国最早对外开放的14个沿海港口城市之一。

南通市所处的这块冲积平原，是由于泥沙的沉积和潮汐的推动而由西北向东南逐步形成的，俗称江海平原，是一片古老而又年轻的土地。境内的海安县沙岗乡青墩新石器文化遗址告诉我们，距今5600年左右，就有先民在此生息繁衍；而境内启东市的成陆历史仅300多年，设县治不过80余年。在漫长的历史过程中，这里有沧海桑田的变化，有八方移民的杂处；有四季分明、雨水充沛的"天时"，有产盐、植棉的"地利"，更有一代代先民和谐共存、自强不息的"人和"。19世纪末20世纪初，这里成为我国实现早期现代化的重要城市。晚清状元张謇办实业、办教育、办慈善，以先进的理念规划、建设、经营城市，南通走出了一条与我国近代商埠城市和曾被列强所占据的城市迥然不同的发展道路，被誉为"中国近代第一城"。

南通于五代后周显德五年（958）筑城设州治，名通州。北宋时一度（1023—1033）改称崇州，又称崇川。辛亥革命后废州立县，称南通县。1949年2月，改县为市，市、县分治。1983年，南通地区与南通市合并，实行市管县新体制至今。目前，南通市下辖海安、如东二县，如皋、海门、启东三市，崇川、港闸、通州三区和国家级经济技术开发区；占地8 001平方公里，常住人口约770万，流动人口约100万。据国家权威部门统计，南通目前的总体实力在全国大中城市（不含台、港、澳地区）中排第26位，在全国地级市中排第8位。多年来，由于各级党委、政府的领导及全市人民的努力，南通获得了"全国文明城市"、"国家历史文化名城"、"全国综合治理先进城市"、"国家卫生城市"、"国家环保模范城市"、"国家园林城市"等称号，并有"纺织之乡"、"建筑之乡"、"教育之乡"、"体育之乡"、"长寿之乡"、"文博之乡"等美誉。

江海文化是南通市独具特色的地域文化，上下五千年，南北交融，东西结合，具有丰富的历史内涵和深邃的人文精神。同其他地域文化一样，江海文化的形成，不外乎两种主要因素，一是自然环境，二是社会结构。但她与其他地域文化不尽相同之处是：由于南通地区的成陆经过漫长的岁月和不同阶段，因此移民的构成呈现多元性和长期性；客观上又反映了文化来源的多样性以及相互交融的复杂性,因而使得江海文化成为一种动态的存在,是"变"与"不变"的复合体。"变"的表征是时间的流逝,"不变"的表征是空间的凝固;"变"是组成江海文化的各种文化"基因"融合后的发展,"不变"是原有文化"基因"的长期共存和特立独行。对这些特征,这些传统,需要全面认识,因势利导,也需要充分研究和择优继承,从而系统科学地架构起这一地域文化的体系。

　　正因为江海文化依存于独特的地理、自然环境,蕴含着自身的历史人文内涵,因而她总会通过一定的"载体"体现出来。按照联合国教科文组织的分类,"文化遗产"可分为四类:即自然遗产、文化遗产、自然与文化遗产、非物质文化遗产。而历史文化人物、历史文化事件、历史文化遗址、历史文化艺术等,又是这四类中常见的例证。譬如,我们说南通历代人文荟萃、名贤辈出,可以随口道出骆宾王、范仲淹、王安石、文天祥、郑板桥等历代名人在南通留下的不朽篇章和轶闻逸事;可以随即数出三国名臣吕岱,宋代大儒胡瑗,明代名医陈实功、文学大家冒襄、戏剧泰斗李渔、曲艺祖师柳敬亭,清代扬州八怪之一的李方膺等南通先贤的生平业绩;进入近代,大家对张謇、范伯子、白雅雨、韩紫石等一大批南通优秀儿女更是耳熟能详;至于说现当代的南通籍革命家、科学家、文学家、艺术家以及各行各业的优秀人才,也是不胜枚举。在他们身上,都承载着江海文化的优秀传统和人文精神。同样,历史文化的其他类型也都是认识南通和江海文化的亮点与切入口。

　　本着"文化为现实服务,而我们的现实是一个长久的现实,因此不能急功近利"的原则,南通市江海文化研究会在成立之初,就将"丛书"的编纂作为自身的一项重要任务。

　　我们试图通过对江海文化的深入研究,将其中一部分能反映江海文化特征,反映其优秀传统及人文精神的内容和成果,系统整理、编纂出版"江海文化丛书"。这套"丛书"将为南通市政治、经济、社会全面和谐发展提供有力的文化支撑,为将南通建成文化大市和强市夯实基础,同时也为"让南通走向世界,让世界了解南通"做出贡献。

"丛书"的编纂正按照纵向和横向两个方向逐步展开。

纵向——即将不同时代南通江海文化发展史上的重要遗址(迹)、重大事件、重要团体、重要人物、重要成果经过精选,确定选题,每一种写一方面具体内容,编纂成册;

横向——即从江海文化中提取物质文化或非物质文化的精华,如"地理变迁"、"自然风貌"、"特色物产"、"历代移民"、"民俗风情"、"方言俚语"、"文物名胜"、"民居建筑"、"文学艺术"等,分门别类,进行归纳,每一种写一方面的内容,形成系列。

我们力求使这套"丛书"的体例结构基本统一,行文风格大体一致,每册字数基本相当,做到图文并茂,兼有史料性、学术性和可读性。先拿出一个框架设想,通过广泛征求意见,确定选题,再通过自我推荐或选题招标,明确作者和写作要求,不刻意强调总体同时完成,而是成熟一批出版一批,经过若干年努力,基本完成"丛书"的编纂出版计划。有条件时,还可不断补充新的选题。在此基础上,最终完成《南通江海文化通史》《南通江海文化学》等系列著作。

通过编纂"丛书",我有四点较深的体会:

一是有系统深入的研究基础。我们从这套"丛书",看到了每一单项内容研究的最新成果,作者都是具有学术素养的资料收集者和研究者;以学术成果支撑"丛书"的编纂,增强了它的科学性和可信度。

二是关键在广大会员的参与。选题的确定,不能光靠研究会领导,发动会员广泛参与、双向互动至关重要。这样不仅能体现选题的多样性,而且由于作者大多出自会员,他们最清楚自己的研究成果及写作能力,充分调动其积极性,可以提高作品的质量及成书的效率。

三是离不开各个方面的支持。这包括出版经费的筹措和出版机构的运作。由于事先我们主动向上级领导汇报,向有关部门宣传,使出版"丛书"的重要性及迫切性得到认可,基本经费得到保证;与此同时,"丛书"的出版得到苏州大学出版社的支持,出版社从领导到编辑,高度重视和大力配合;印刷单位全力以赴,不厌其烦。这大大提高了出版的质量,缩短了出版周期。在此,由衷地向他们表示谢意和敬意!

四是有利于提升研究会的水平。正如有的同志所说,编纂出版"丛书",虽然有难度,很辛苦,但我们这代人不去做,再过10年、20年,就更没有人去做,就更难做了。我们活在世上,总要做些虽然难但应该做的事,总要为后人留下些有益的精神财富。在这种精神的支撑下,我深信研究会定能不辱使命,把"丛书"的编纂以及其他各项工作做得更好。

研究会的同仁嘱我在"丛书"出版之际写几句话。有感而发,写了以上想法,作为序言。

2010年9月

(作者系南通市江海文化研究会会长,"江海文化丛书"编委会主任)

目 录

前面的话……………………………………… 1
岁时节令习俗………………………………… 1
人情礼仪习俗………………………………… 22
日常生活习俗………………………………… 29
社会交易习俗………………………………… 49
游艺杂耍习俗………………………………… 60
婚丧喜庆习俗………………………………… 109
崇信禁忌习俗………………………………… 129

前面的话

数千年前,南通的大部分地方还是汪洋一片,汪洋之中密布了大大小小的沙洲,较大的沙洲有扶海洲、胡逗洲、南布洲、东洲、布洲等。

胡逗洲在公元5世纪时已经形成,到6世纪南朝梁时,成为位于长江口北侧的一块较大的沙洲。唐天祐年间(904—907),胡逗洲与其西北方的如皋陆地连接,洲北的横江逐渐淤塞、封闭。这是自扶海洲和扬泰大陆连接以后南通成陆史中的第二次沙洲大连陆。唐乾符二年(875),胡逗洲上始有狼山镇遏使的设置。唐末,今南通市区及周围地区称静海。从公元907年起,东洲静海都镇遏使姚存割据这一地区,其子孙世袭统治,先后隶属于吴、南唐。后周显德五年(958),南通建城,称通州。

后来东布洲等沙洲又与大陆涨接,并受长江入海口移动和江海潮冲击的影响,多次坍涨,形成如今海门、启东的陆域。

因各地"流人"和移民分别从江淮、吴越和荆楚等地先后前来开辟这片新涨出的处女地,逐步形成古海陵文化圈、胡逗洲文化圈、沙地文化圈和通东文化圈四个长期并存又相互融合的小文化圈，成为南通地域文化——江海文化一个独特的文化现象。

　　胡逗洲民俗，说的是现南通市区及周边地区说南通方言的胡逗洲文化圈沿袭多年的民俗，本书侧重介绍今南通市港闸地区及周边的民俗。

岁时节令习俗

春节 正月初一，亦称元旦。老百姓对于"一元复始，万象更新"的新春佳节非常重视。春节那天，举家老幼早早起身，男主人带领子女燃放鞭炮，烧柏枝；女主妇忙于下团圆，煮荠菜豆腐素肴，以尊重祖先留下的正月初一"素戒"习俗。而后夫妻双双捐锄下田，在田角四周象征性地翻锄一遍，谓之"种田"，然后阖家聚在一起吃团圆，但团圆不能全部吃完，要留一部分团圆在碗内，谓之"存仓"。

老人在天亮之前，要将神柜前供奉的三界之神——天地"送去"，谓之"送天地"，接着捧一把香到近边的土地庙，类似到狼山上烧头香一样，叫作"送香"。也有人家一大早在祖宗轴子前供"早膳"，举行跪拜仪式，"邀请"祖先与子孙们一同"进餐"。早餐过后，就各做各事，小孩忙着玩耍、抛钱、打墩。

春节习俗随着时代的变迁，在不断演变，三年困难时期，几乎没有节日之分，正月初一照样下田挑粪施肥，谓之"破四旧"。改革开放后的春节不再像原先的春节，有了七天长假，阖家老小出门旅游。近年来驾私家车出门旅游不再是"鲜为人知"的事，也有"留守"家中的，还有观看街头文艺演出的，也有驾车走亲戚，给老人拜年的。如今正月初一不再受"素戒"所限，常常举办丰盛的宴席，招待亲友贵宾，因为辛辛苦苦忙了一年，平时难得与至亲好友相聚聊天畅谈，就凑在春节期间好好一聚，不再遵守过去的"正月初一不出门，正月初二拜丈人，正月初三请客人"的规矩了。

正月初一至正月初三，忌讳扫地，谓之"三天不扫，四天不畚，金银财宝塞后门"。也忌讳到处倾倒脏水和污物。晚上老人催促全家早睡，其实是让大家多多休息。

初一如有乞丐登门，认为是"财神菩萨"莅临，甚至老远就在喊：财神菩萨来了！财神菩萨来了！赶忙给馒头、糕点和钱币。不对乞丐说"搭讪话"，目的是图个吉利。乞丐也挺"知趣"，接到馈赠物品，也不逗留，马上离开，再赶去乞化第二家。

正月初一，农家几乎家家户户挂灯结彩，展现了"爆竹声声辞旧岁，欢欢喜喜过大年"的快乐景象。

元宵节 元宵节为过年之后的第一个节日，南通现存的地方志中均有记载，新中国成立前基本沿袭古制。元宵节的活动，其实从正月十二就已开始，郊区农村十二为农看灯，十三为商看灯，十四为神看灯，十五、十六人看灯，十七、十八鬼看灯。故有"上灯圆子落灯面"之举。城里在城门上以冬青、柏枝、彩纸搭起五彩缤纷的圆门，并结棚于通衢，白昼悬彩，夜晚燃灯，城隍庙里灯烛摇曳，香烟袅绕。元宵节正日喜庆活动众多，大致有以下六大方面。

一曰挂天灯，无论城乡人家门口，在上灯开始时总要挂上标有姓氏的灯笼，若为守孝期间则挂白色灯笼，另外稍为殷实人家，于院中竖起一根长杉木，上系辘轳，缚青竹枝、扁柏枝、冬青枝和黄钱元宝等，挂上灯笼，谓之挂天灯。其历史久远，相传在唐朝就已开始。还有以户族敲锣打鼓到当地小庙"送灯"的，"大跃进"之后此挂天灯习俗已不流行，屋檐下挂灯之俗也渐渐消失。

二曰放烧火,又叫放哨火,是地处江海之滨的南通农村极有地方特色的风俗。每逢元宵节下午,家家户户用芦苇、稻草、红草或茅草,每半尺许一节一节扎成碗口粗、长达丈余的烧火草把,少则一个,多则两三个备用。待到日落月升时分,人们就手执火把,奔向田间,沿着田埂曲径,点燃火把,边跑边喊:人家的萝卜草秸粗,我家的萝卜似石榴;人家的白菜刚刚栽,我家的白菜上了街;人家的棉桃才开花,我家的棉花上轧车。语言诙谐有趣,比喻生动形象,虽说稍有褒己贬人之嫌,而凡放烧者都如是说,并未引起邻里非议。相反,相互比火把亮灿,比嗓音高亢,比口齿伶俐,比奔跑迅速,而成为一种自娱自乐的形式,场面热烈又壮观。老农亦靠辨火的颜色来预测水旱之年,白色为水,红色为旱。时下,此俗已衰,唯小孩们因有趣、好玩偶尔为之。

三曰煨百虫,又曰剿虫窝。主人忙着从房前屋后、鸡舍、牛棚内抠出杂草屑,堆在田间或沟坎枯草丛中,点起燃煨,谓之煨百虫。其目的是将草丛中藏着的过冬未孵化的虫卵通通燃烬,以确保当年农民丰产丰收。古诗:"山村好是晚风初,烧火连天锦不如。但视麻虫能照尽,归来沽酒脍池鱼。"

四曰爆百花。傍晚时分,由家庭主妇"掌手"取五谷六陈,放置热锅里爆炒,谓之爆百花,看一看稻花、玉米花等去年选下来的种子的保管程度,若"百花"开得璀璨,就证实种子"饱灿",春夏播种时不会有误。

五曰请爹娘。凡刚出嫁的女儿,在三年内的元宵节,应宴请亲爹娘,表示尊老。另有一种说法,就是"元宵请了亲爷娘,今后日子不犯愁"。这一风俗是近一二十年新流行的。

傍晚也有农家在田头烧蜡虮利市,相传蜡虮神是被玉皇大帝"金口玉言"敕封的蜡虮王,专管对庄稼肆虐的害虫。

六日请紫姑，又名请灰堆婆婆。张曾荫《南通岁时风俗记》云：紫姑神姓何名媚，字丽卿，莱阳人。因受冤亡于厕边，被封为神，专为民鸣不平事。民间于午夜前，从灰堆边用笤帚"请"来灰堆婆到中堂，问"字脚"（文才）几分，年成丰歉如何，生意买卖怎样。左邻右舍踮脚翘首、聆听观望，该小神也有求必应，让围观人们得到心里慰藉。

总之，元宵节的喜庆活动以观灯为主，一些平时难得走出家门的倩男靓女，趁观灯机会，相约幽会。有南通民歌为证："正月十五灯似海，郎姊观灯帽挤歪；一夜观灯忘归路，岂知露珠打湿鞋。"

《康熙志》中还载有敬红娘子的习俗。红娘子为江海平原上的民间歌仙，许许多多民歌、情歌、长篇叙事民歌中都提到歌手红娘子，显而易见在明末清初其影响是很大的。南通是山歌之乡，长篇叙事民歌除《红娘子》之外，还有于2011年6月列入江苏省非物质文化遗产名录的《花子街》以及《魏二郎》。

二月二　带女儿　此俗起于何时，无从稽考。新中国成立前后仅囿于民间故事，其谚云："二月二，家家人家带女儿，不带女儿是穷鬼儿，女儿不来要烂腿儿，女婿家不肯（女儿回娘家）是肉龟儿。"由于经济的原因，带女儿只留在口头上。直至20世纪80年代初，民间传说故事在报纸、杂志上广泛流传之后，方才时兴"家家户户带女儿"，没有女儿的人家则带干女儿，共享天伦之乐。

随着生活水平的提高，带女儿之风越来越盛，不仅招待女儿、女婿，连外孙、外孙女也一齐宴请，办上丰盛的家宴。目前仍然方兴未艾。但带女儿之风亦在"变异"，出现了女儿亲手筹办请亲爹亲娘的家宴，阖家欢聚，其乐融融。

二月，农家过完春节之后，即将忙于春耕大生产，又要重新"起五更，睡半夜"，妇女担负着家务劳动和田间劳作双重任务。为人父母唯挂着女儿等晚辈，便在二月二龙抬头之日将其接回家团聚一番。

清明节 春分后15天为清明，恰逢"杨柳青青满路垂"，天气晴朗，风和日丽，正是折柳、踏青、远足的好时光。南通民间过清明，家家户户折柳条，孩童们以柳条编成似"盔"的柳条帽，戴在头上玩耍，也有人摘"杨柳青"泡茶，或掺和面粉摊烧饼。据说喝上柳茸茶，"一年里头不疼"。

清乾隆《通州志·风土志》载："清明俗重墓祭，前后十日无定期。提壶挈榼，咸具牲礼，展墓，覆土，除草，挂纸钱，踏青至墓，插柳而归。"这是一幅真实的南通旧时清明上河图。

清明祭祖一般严肃而庄重，规矩很多，即使是插竹竿于坟茔上和"上坟旗"也有很多讲究。如东丰利一带，清明扫祭时，凡新坟俱用青竹竿，竿上挂幡。而南通一带，三年以上为"满坟"，则不用青竹竿，而以芦秸代替。"上坟旗"一般有两种，一种为用黄纸和白纸剪刻的"龙旗"，白旗用于上新坟；另一种则是用各种色纸剪刻的"小旗"。如果是刚亡的父母（一般为三年之内），儿女们首趟上坟，尤为隆重，得用五彩缤纷、形如串花的"孝顺旗"。

另备红纸"包袱"，内贮冥票、"纸币"和"金银元宝"，包袱上方刻印经文，中间写祖宗姓名，左下方标注祭奠者名字。称呼上非常讲究，五代内父、祖、曾、高、天，具加一个"考"字，女加一个"妣"字，一切事宜备妥，一并将上端缄封，不使"冥财外泄"。

供品多为鱼、肉、蛋、豆腐之类。现今多为公墓，供品多为水果，摆满鲜花。烧化已在缓缓改革，为防火灾，集中烧化。上首趟坟时还配上燃放鞭炮，增添了祭祖气氛。

民间在清明前惊蛰就开始祭祖扫墓，多为在双休日，加上近年国家又规定了"清明节假"，这一来，清明不仅是祭祖的日子,还是踏青游玩的日子。

立夏 立夏标志夏天的开始,南通时兴胸前挂蛋。相传瘟神嗜睡,直至立夏之日方醒,散布瘟疫,孩童受害最甚。女娲闻讯,与瘟神辩理,瘟神无奈承认,立夏之日,凡孩童胸前挂蛋者一律不得伤害。传说虽无从稽考,但该日母亲总要选择个头大的鹅蛋、绿壳子的鸭蛋、红殷殷的鸡蛋等煮熟,用彩丝线结成的小网兜(俗称蛋络子)挂在孩童们的胸前。同时留下两回民谣:"立夏胸挂蛋,孩子不疰夏。""疰"是民间的说法,其症状为夏日饮食不服,腹胀厌食,乏力消瘦,尤以小儿为甚。中午全家吃炒蛋、肉丁炖蛋、甜菜蛋汤。故《通州志》云:"立夏食鸡、鸭卵,烹莙荙菜。"莙荙菜为甜菜的学名。

饭后,南通还时兴"称人"的习俗:用箩筐、大秤为孩子称量体重,和上一年比一比,传说也是为预防"疰夏",而实际是看一看一年来孩子究竟体重增加了多少。"称人"时,秤砣绳线只可向外挂,而忌向里移,又忌"九"字,逢九则报整数,以图吉利。有时年轻母亲抱着襁褓中的儿女"称人"时,还会"作弊",内藏一块沉甸甸的砖石用以"压筐"。

立夏吃糕,是南通的另一习俗,因应时绿豆糕正好上市,也有吃过年时用矾水浸过的年糕,传说"吃了撑腰糕,下田莳秧不痛腰"。

旧时,立夏节前,大人早就叮嘱孩子,此日不准站立门槛或卧地,如有犯忌,再坐七条门槛方可解厄。此俗不知出于何因,大概与夏天的卫生习惯有关。如果立夏之日天气晴朗暖和,大一点的男孩便可获准下河洗澡,说是可保夏日无病,以后下河洗澡不易抽筋。爱清洁整齐的家庭主妇则趁初夏晒被褥衣物,以防潮湿霉蛀,并将其整理好准备收藏。

立夏也是一个尝新日。新冷饤应市,新蚕豆上市,巧媳还从河滩采撷鲜嫩芦叶,包裹红枣糯米粽子,供家小们尝新。

端午节 五月初五为传统的端午节。"端"与"初"都是开始的意思,按地支的顺序,从正月"建寅"月推算,五月正逢"午月",加上古人常爱把"午时"当成"阳辰",于是端午也叫端阳。

端午节时值初夏,虫蚁百脚及病菌均从蛰眠中苏醒,开始大量繁殖,勤劳、爱整洁的农家在端午日前总要将庭院、鸡舍、羊圈、牛棚扫尘一番,将橱柜揾抹,洗涤清爽,干干净净,欢度端阳。

民间于端午之日于门楣上悬插青艾束和蒜锤,用以除浊祛秽。同时用曲酒调和雄黄,四处喷洒,使室内飘着幽幽馨香,并且还搽抹掌心、手背和肩臂,据说能预防痱子,不生疮害疖。堂前间挂燃螺旋宝塔形、能点上半月以上的盘香,"进屋香喷喷,虫蚊躲壁根"。《崇川竹枝词》云:"五月家家艾虎垂,雄黄泛酒酒盈卮;酒阑争赴龙舟约,水月庵前看许时。"

孩子是全家的宝贝,不能让其有所"闪失",所以要在娃娃胸前挂上"肚兜"。肚兜多用白布作底,取五颜六色的丝线绣上五毒图案,"以毒攻毒,祛禳瘟疫,消灾纳福,益寿延年,少生灾殃"。旧时进入五月,小儿不宜剃头(理发),怕夏天生疮害疖。端午赛龙舟,仅古书有载,孩童们亦念龙舟,故折芦苇叶折成芦叶船,放在水面上飘荡。

该日,城里或乡间有请戏班子的传统,多上演《白蛇传》中白素贞惊变为蛇一折,以证实雄黄酒的威力。家庭主妇将粉皮、韭菜、豆芽、肉丝、蛋皮、鲜河虾一并爆炒,谓之"和菜",每家每户午餐必食此菜。此俗相传与抗倭有关。同时在菩萨神龛前,挂一幅钟馗斩妖符,两侧插两把菖蒲,俗称蒲剑,当成逐魔除妖神物,还配插青艾。

时下,以上习俗基本泯灭,只有吃粽子习俗依存,不过现今包裹的粽子质量大大提高,除新糯米外,还配上红枣、咸肉丁、赤豆、火腿、香肠、肉松等，非常考究。碧绿的芦叶一定要新近采摘的，不用已发黄或有霉斑的芦叶。

六月六 农历六月初六，天气趋热，故有耳熟能详的"六月六，晒得鸡蛋熟"的民谚。六月六又正处"黄梅"前后，雨水滂沱，亦有"六月初六狗猫下海"的民谚。其意思是说，雨水成涝，连猫狗等都被洪水席卷冲向大海。同时从六月初一就有多雨谚谣："六月初一下连三阵（阵雨不断），六月初二得惹人恨，六月初三涨满大河，六月初四落闷奈河（连续下雨，百姓埋怨）……"一连数到六月初六。先民尊重科学，熟识天气变化。《通州志》载：六月六暴晒衣、晒书，入伏造酱制面。农妇喜于该日将"酱黄子"置于盐水中暴晒，认为六月六晒酱不会生蛆。并留下民谚：十月朝要垄（像鸡子垄砂粒一样将过冬衣服翻出来）；六月六要顺（把暴晒后的衣服收藏起来）。《岁时风俗》载：六月六以绿豆煮粥食之去暑。茶食店则用绿豆淀粉，加重糖、麻油做成绿豆糕出售。

农村积善人家于该日"施茶"，煮上一缸放足茶叶、藿香浸泡之茶，置三岔路口或自家门前，供过路者饮用，以解途中劳累之渴。妇女采摘槿树叶，挤捏其汁，以洗涤头发，因木槿叶能活血润燥、杀虫止痒，因此披肩秀发经过洗涤之后显得更加柔软、舒松，富有光泽，以增靓丽。启东、海门一带乡下有上街购鱼买肉，并做油摊饼的风俗，以此祝福长寿，海安亦有吃面饼的风俗。

旧时，肉铺该日停业，谓之"歇夏"。乡下时兴请闺女"晾夏"，因这时正值夏收夏种结束，也算对紧张农忙之后的一个小小"休整"吧。

不过如今除了还留有六月六暴晒衣服之习俗外，其他习俗已渐消失。

七夕节 农历七月初七，民间称"乞巧节"，相传为牛郎、织女相会的日子。《南通民歌》云："七月初七喜鹊飞，牛郎织女鹊桥会；王母娘娘来作法，拆散鸳鸯千古泪。"七夕傍晚，爱打扮的妙龄少女摘凤仙花捣烂，捏出汁涂染指甲上，谓之"染指"，以增妍丽，并围坐院中远眺苍穹天空中的"巧云"，俏皮的小伙子偷偷躲于韭菜园中臆想"窃听"牛郎织女呢喃私语。据说虔诚者脸上还会淋到牛郎、织女哭泣的眼泪（大概是露珠吧）。机灵的小姑娘悄悄地"张锦绣，陈饮食，放瓜果，摆烛台，焚香于庭院"，并摊平白布于天井阶沿上，期待织女梳妆时能够掉下香馨扑鼻的胭脂粉末，以便为嫩靥面颊"浓抹黛妆"。

该日，家庭主妇用糖水掺和面粉擀成薄皮，切成长条状，投入热油锅中，谓之"烤"，其味香甜，质地松脆，成为可口食品，其实就是南通人常说的油煎豆角。有时几个靓女倩姑的同龄姐妹，取一盆清水轻轻投一枚绣针，针浮于水面者获"巧"，影又细又长光亮者称"大巧"。同日，幼女以彩线穿耳。养鸟爱好者，蓄鸟剪鸟舌，使鸲鹆（八哥）经"捻舌"能效人语。

中元节　农历七月十五称为中元节，也叫鬼节。该日重在烧经敬祖，用面粉擀起似耳朵的"扁食"，馅心是乡民就地取材，焦麦屑拌黄糖，放入油锅里一炸，上口既香又甜。巧妇们还得比一比，谁亲手做的扁食像模像样，日后子孙生下来的耳朵才端正好看。

中元节敬鬼与目莲救母有关，目莲为佛家弟子，为救"押"在地狱中的母亲，结果让不少孤魂野鬼"流窜"出来，与现今敬鬼、敬祖联系起来而形成了鬼节。

旧时在鬼节还举办盂兰盆会，南通俗称"盂兰会"。实际上盂兰会为梵文译音的舶来词语。盂兰会由族长或德高望重长者牵头筹款，聘请僧、尼、道、童（子）打醮设供；敬祖谢神，超度亡灵，赈济孤魂，庆贺丰收，祝福风调雨顺，国泰民安。

盂兰会上，各教派吹奏敲打，各显技能，民间称之为"做拼场"，带有较强的竞争献技性质。此外，乡民也自发表演节目，争相献艺：划虎跳、钻火圈、玩石锁、走高跷，还有稚气儿童肩挑"珩嫁"，扮演"钟馗嫁妹"，以及"唐僧取经""目莲救母""观音洒水"等节目。如果剔除盂兰会中的封建迷信成分，就是南通地方上演的民间艺术节，不过其规模比较小。

在众多的自娱自乐文体节目中，还有由妙龄少女们载歌载舞表演的《十二月花名》，以月为序，以花起兴，唱出南通风土人情和节令农事，故又称《十二月花名农家乐》。由几位腰系绸带的俊俏姑娘，于翩翩起舞中轻抒歌喉，将盂兰会推向高潮。

盂兰会结束时，置办酒菜，款待宾客，凡出资人家的户主一并参加。会主一一斟酒，各桌摊派年长者向会主敬酒致谢。笑语喧哗，喜气洋洋，平时的辛苦即刻烟消云散。如今盂兰会不再举行，而中元节敬鬼之俗农村依然盛行，不过敬祖不一定放在中元节，进入七月，挨家挨户选在周末公休进行。若刚有人过世，则定在七月十三、十四，谓之"烧新经"，将亡灵"入席"祖宗的"宴席"中多了一只"烧经饭碗"。

地藏节 农历七月三十，相传为地藏菩萨生日。地藏是一个体恤百姓的好菩萨，据说在他"成神"时，连最后一条裤子也脱下救济穷人，自己在地下挖了一个深潭，双脚立在潭里，以防挨冻。所以天神派"钦差"来"考察"地藏时非常钦佩，故地藏很快就"晋升"成神。地藏立下"度尽地狱始成佛"的誓言。

民间为纪念这位体贴穷人的"好神"，在他生日时焚香于地上，以示敬慕。地藏香系香店特制的，在一炷香的根部镶上一支竹签，在烧香时不是插在香案里，而是直接插在地上，家家如此，远远望去，好像天上的星斗落在乡间宅院内。

此时，老人不忘给年轻人讲述地藏成神时为百姓做好事的传说，再度说明好人做好事，日后自有代代好报，被众称颂，流传千古。

立秋　民间惯称立秋为"交秋"，以示酷暑告辞，凉秋将至。这一天，城乡无论贫富人家，总要剖开一只绿茵茵、翠生生的西瓜，供全家老幼分食。因西瓜能祛暑生津，疏脏通腑，医家誉称为"天然白虎汤"。据传，还可烂掉淤积于肠道内的猪毛，使人遍体通畅，免遭灾殃。

南通人立秋吃西瓜之风俗，外地并不多见，似乎是南通人的"专利"。相传某年大旱，瘟疫流行，又缺医少药，百姓疾苦难言，病家得一医仙指点，唯食西瓜，真的使患者很快痊愈。正值该日立秋，此俗就流传下来了。旧时，西瓜的栽植并不普遍，尤其到立秋时，晚夏西瓜也已"起藤"，而早秋西瓜还刚刚上市，"物以稀为贵"，老百姓立秋吃西瓜亦成了"馐物"。

殷富人家早在立秋之前就选购上等黑籽红瓤西瓜，绿皮黄瓤蜜瓜，一俟立秋之时的上三刻，甚至仿效皇家宫闱的气派，将西瓜剖成"莲瓣""驼峰""宝塔""帆船"等诸型，用细葛麻布盖好，置于洗净的红漆方盆里应时分享。老百姓能吃西瓜的人家，多是瓜农，留几只上市卖不掉的西瓜分食。而现今市场上的西瓜货源充裕，立秋吃西瓜当然不成问题。

过去在立秋之日，老农还注意到"早秋凉嗖嗖，晚秋热涠涠，中午交秋暑天回"的农谚，用以测定交秋之后的天气是凉爽还是酷热，也有以此来预测干旱还是雨频的。

中秋节　农历八月十五，是传统的中秋节，俗称八月半。"中秋"二字按历法解释，农历八月正处在秋季中间，叫仲秋,而八月十五又在仲秋之中,故称"中秋"。

中秋节的习俗说法颇多,史书记载,古代帝王就有"春天祭日,秋天祭月"的礼制。传到民间,南通就有中秋拜月习俗,习惯称"供月",相传是为敬奉嫦娥的。当月亮升起时,将上等月饼和刚采摘的嫩河藕、红凤菱、绿豆荚等时鲜蔬果,摆在天井内的圆桌上,并设香案,一般推女主人先拜,因月属阴,民间亦是"男不拜月,女不祭灶"。旧时店家也搞中秋供月,临街设祭,个别富商豪贾供桌多达三四张,祭月花样、名目繁多,斗香高烛,烛光摇曳,异香扑鼻,蔚为壮观。

中秋吃月饼、杀鸭子据传与元末通泰盐民张士诚"造反"有关。宋王朝败退,元兵南侵,南通沦陷,百姓痛恨异族残酷统治,暗中联络,准备起义来反抗。通泰地区以张士诚为首,在某年中秋前,传出老百姓互赠圆饼,饼中夹一纸条,要求在午夜前方可"吃圆饼"。当掰开圆饼,露出纸条,上写:"八月半,吃芋艿,赠圆饼,杀鸭子。"也有曰:"杀鞑子(谐音杀鸭子),灭元朝,八月十五半夜子时好。"满腹怒火在燃烧的穷苦百姓,马上心领神会知道杀鸭子的原意指赶走元朝军队,一举推翻元朝的统治,故延续形成八月半吃圆饼的习俗。圆饼形如月亮,故又称月饼。原先月饼只有"五仁""赤砂"等少数品种,现今有火腿、香肠、松仁、蛋黄数十个品种,迎来送往当成八月半的主要礼品。说是吃月饼,倒不如说是"展销月饼",有个别月饼盒,其价值甚至超过了月饼本身的"身价"。

乡间还得另加糯米圆饼,取当年早熟金钗糯稻碾出的新米,经石臼"斗"出糯米粉,用水拌捞,再加进鲜桂花、新芝麻、赤砂糖做馅,在竹篦上一烘,上口既香甜又糯黏柔软。同时切鲜藕片和猪精肉末焖藕饼。"每到乡场卜不休,全凭学斗听中秋。六人同榜寻常事,赢得州名利市州。"将庆中秋与文人高中连在一起,真是画龙点睛。

重阳节 九月初九正是丰收的时节,南通早就有赏菊、登高出游狼山的风俗。诗云:"头顶极日近天涯,不负登临赏物华。一任秋风吹落帽,何妨白发对黄花。"这说的正是我们民间文化生活中又一个富有诗意的节日。重阳之说来自《易经》。该书以九为阳数,九月九日,两阳相重,故名重阳,又称"重九"。

在重阳节,南通大街小巷有售重阳糕的风俗,在彩色线条相嵌的重阳糕上还插一面三角形的"令旗",五颜六色,随风飘摇。插旗俗有两说。一曰:"明吾通陈司寇(名尧),于九月九日构书舍,有双鸦衔小旗梁上,后皆登第,里人于是日钉赤糖粉枣糕,插五条小彩旗为盛事。"其二,相传曹项抗倭,正值重阳,倭寇掠夺通州,巧逢关公"显圣",遣天兵天将助阵,摇旗呐喊,杀得倭寇片甲不留,未毙逃走的倭寇,见其"令旗",就吓得魂飞魄散。这样就形成重阳节在重阳糕上插"令旗"的习俗,迄今街上卖的重阳糕,仍延此俗。旧时小贩,右手执着缠有破布头的小锤,敲着左手提的小铜锣,大声叫卖:"重——阳——糕——啰!"《崇川竹枝词》云:"记取重阳酒一杯,枣糕上插小旗回。小儿拍手笑相问,可是双鸦衔得来?"

重阳节,南通自古就有敬老风俗,以示对孤寡老人的尊敬。那些无儿无女的老人,也有干儿子、干女儿赠送一点礼品,嘘寒问暖,还帮助老人补衲洗涤被褥、衣裤,准备过冬御寒。也有晚辈搀扶老人遨游狼山,朝山进香,也属还登高夙愿。南通古饮菊花酒,菊有清心明目、解秽祛毒的功效,菊花酒现今不复存在,但饮菊花茶还挺盛行,可去暑消渴、除烦解躁而起养身健体的作用。时下政府派员、社会团体也在重阳节日携带慰问金、慰问品,分路走进社区、农村、敬老院去慰问。故又言重阳节系敬老节。

冬至节 俗称"大冬"。其时农事已尽，农民需要欢庆一番，被誉为"大冬似小年"。

南通城郊基本沿袭老祖宗的规矩，清晨的一顿早餐，合家吃芝麻糖馅新糯米团圆，中午还要烧经敬祖，也有人家一大早就给祖宗办上荤素宴席的。土改前，纳租的佃户也于该日到粮户家吃"小年饭"，尚未缴纳租粮者，就得以冬至为界限，不可再拖欠，有的干脆以冬至为缴租日，佃户缴完租，顺带吃顿便饭，再"随行就市"议定明年田租高低、时间期限。

冬至是一年中白天最短、夜间最长的一日，阳光短暂。老人喜欢晒太阳，若逢阴天亦注意避寒保暖。殷富人家还得煮食糖腌百合，百合晶莹光洁，其味清腴，是滋补身体的佳品。

冬至开始，天气开始趋于寒冷，老农以农谚来预测该年气候寒冷程度，有"冬前落雪，笔头上刨铁""冬天雪花飘，冬后寒如刀"。同时，若该日下雾，则有"冬雾雪"的农谚，表示冬天下雾之后就会下雪。

冬至商店中还出售万金糕。

除夕 农历腊月三十俗称三十夜子，比隔日的元旦还要隆重，"三十夜子忙紧阵，正月初一起早更"。

除夕早晨，首先忙着剔除旧门神画，清除破碎支离的楹联，换贴新门神（画）和红彤彤的对联，忌讲"贴门神"和"贴对联"，要称"长门神""长对联"，面糊称"黏头"，黏谐音年，表示年已开始，喻万物生长，健康吉祥。若糨糊用完之后还不够，不称"完了"而叫"满仓"。

接着持猪头、三肘、香和蜡烛，到土地庙里敬神送香，称"过善会"，以示向土地菩萨禀报一年以来所做的善事，从未做过坏事。神没有"调查"，便听之任之。当然对于心怀叵测的，趁过善会时，检讨过错，隔年也摒恶行善，也就"既往不咎"。

中午在烧经敬祖前,先得挂出祖宗轴子,按长幼有别,一个挨一个挂放,其位置在菩萨轴子的下方。今祖宗轴子已不多见,而摆出画像的祖先,在其面前供上水果、茶食,还举行跪拜,有的主人还讲些祖先的丰功伟绩,教育启发后辈。

下午,绘丰收囤和弓箭图。在泥土的打谷场上,用一铁钎定好中心,扯上一根绳,另一端系一铁片,随着旋转360度一圈,大大的丰收囤就这样画成了,中间画一铜钱"通宝",写上"五谷丰登""田禾茂盛""一本万利"等祝福颂语。还画上跳板、天梯、摺子、箩筐等农用家具,并在"粮囤"旁画一弦满待发的弓箭,一为避邪,二为沿袭上代传下代的规矩,捍卫家园,保护粮囤。

傍晚前,又将田头、角落、房前、屋后打扫一遍,取蒲包,灌储石灰粉,用手提着顺沿走道,在场边打上白色囤印。相传当年共工撞倒不周山,奇猛怪兽年就出来吃人,年的脚印是白色的,它见已有白色脚印,证明已有年兽过,就不再经过该地。

将夜"封田",就是把在翌日早上吃的蔬菜挖回家,自封田之后,就不可再到田间挖菜。封田仪式很简单,用一根芝麻秸,系一张红绿招财插在田里和灰堆上,谓"封田",且垃圾再不可乱倒在灰堆上了。

日落后,燃放鞭炮、烟花,家家户户鞭炮齐鸣,响声炸耳,前圩后村,都沉醉在鞭炮声中。此时阖家在鞭炮声中,一齐围坐吃利市酒。利市酒的菜肴非常丰富,什么油炸鱼、红焖肉、白汤鸡、五香鸭、荷包蛋、糟腌蟹、醋熘虾,好像叠宝塔似的堆满一桌。在吃利市酒时,按长幼位置坐下,晚辈向长辈敬酒,外地归来的游子讲述闯江湖的艰辛。利市酒吃好,长辈给晚辈赠"压岁钱"。城市店主老板请伙计吃"利市酒",有时借"酒"辞退职工,不过一般不拖欠工资,遭辞退者除加一月工钱之外还补发回家车马费。

最后就是"守岁",全家以长辈一人,或带领儿孙一齐守岁。所谓守岁,就是穿上棉袄围桌坐一通宵。现今此俗已废,除夕开始观看春节联欢晚会,也有人到庙宇去"烧头香"。平民百姓便用电话问候至亲好友,祝福来年平平安安。

讨债的债主只能在子夜钟声敲响之前收债,之后就不好催债,要待过年之后,所以守岁也跟讨债有关,因躲过一劫,翌日相互送贺恭喜就叫"拜年"了。

风俗会 南通民间风俗会,名目繁多,一般以经费优寡来决定其规模,也有独家兴办的,其目的在于撷取欢娱,祛邪酬神,确保一方平安。

踏青山歌会 农历三月初三,为古代的"情人节",《诗经·国风》中保留有多首关于青年男女爱情的诗歌。如在《郑风·溱洧》里,说一位女子在三月三这一天,邀请一男子到溱洧(古地名)水滨,参加一个热闹非凡的联欢盛会,男女青年在谈笑中相互戏谑,赠送鲜花芍药,以表爱慕之情。《周礼·地官·职氏》《汉书·外戚传》《太平御览》和《兰亭序》等都有记载,称周朝时"仲春季者上巳情人节"。比西方情人节要早1000年。该日民间尊奉为玉皇大帝生日,称"万寿节"。相传,该日天宫瑶池王母娘娘举行盛大的"蟠桃宴",邀请各路神仙、仙子,载歌载舞,举觥传盏,酣醉方休。

人间三月,正值柳枝吐翠、百草添茵之际,山歌会由德高望重耄耋钟老或族长来主持,以圩塘为单位举办,邀请对方参加,换年轮回,宗旨是双方对山歌,从中撷取欢乐。无需舞台与幕幔,不必耗费分文半钞,选上几位"金嗓子"来跟邻村山歌手对山歌。场地往往选在清澈小河旁的柳林间,这样可借婀娜多姿的柳枝遮面,以防万一"失口",不使对方相识。

赛歌开始，由主持圩塘的庄主领唱启始歌："三月里来三月三，红艳桃花赛牡丹；杨柳河边举行山歌会，恭迎诸位登歌山。"庄主歌声刚落，毗邻圩塘村庄的歌手，便纷纷登场。当山歌赛完，赢者便欢快地沿着青溪柳堤载歌而归，并得意地唱对："山歌一箩又一堆，不用船装用车推；山歌唱输哑了口，明年三月再相会。"山歌唱输的圩塘里的歌手也不示弱，即席回敬："狼山不是堆，山歌不用吹；胜败本常事，明年我夺魁。"这时两队山歌手相背而行，有时还回首望望对方，无不恋恋不舍有尚未尽兴之感。

鸽子会　农历三月廿九，相传为观音大士诞辰，观音是主持男女姻缘的"大红媒"，该日在南通近郊兴仁举办鸽子会，这与"鸽郎箫妹"的一段姻缘有关。

阳春三月，是鸟类开始繁殖孵化的最佳时期，鸽郎持鸽到集市上出售，正好遇上卖铜管箫的箫妹，两人一见钟情，并跪于观音面前，请她做主，结为连理。凡养鸽者非常羡慕鸽郎的艳遇，也就于三月廿九一起到集市进行鸽子买卖交易，因而形成了以鸽贸易的鸽子会。

三月廿九的鸽子会上，真是三里长街，人山人海，年复一年在兴仁地区自发筹办下去。人们不光做鸽子买卖，还有日用百货、花布衣衫、桌妆藤椅，琳琅满目。渐渐地将鸽子会衍化成商贸交易会，至今仍在举办，盛况空前，车水马龙，买者不多，观者不少。

药王会　农历四月二十八，是药王菩萨的生日。相传，古代黎民惨遭疾病折磨，神农氏为解除人间病痛，不辞劳苦采集百药，亲自品尝辛、温、甜、辣，以求草药之功效，不幸误食"断肠草"而身亡。人们为缅怀神农，将他一生尝百草的经验，编成我国第一部药典著作《神农本草经》，并于四月二十八日举行药王会来祭奠、凭悼神农。

这日,药王庙里香火鼎盛,热闹非凡,一班虔诚的善男信女匍匐于地,叩首礼拜,祈求药王"消灾降福"。凡医生、郎中家,均须供奉纸马神像。南大街中药堂除办药王会外,还将店中的名贵药材装饰展览,既向顾客言明该店出售全系货真价实,也是将药材又一次进行验检和暴晒。同时店主趁机将要制成"全鹿丸"的健壮的梅花鹿,囚禁在铁栅笼里,推上大街"示众",伴吹喇叭、唢呐,敲锣打鼓,招徕顾客,把药王会推向高潮。

消灾会　一般不限定时间,主要在近期发生瘟疫流行时举行。消灾会由钟老主持,按每家每户持田亩多少收取香火钱,用以"消灾"。

消灾会举行时,一邀童子做会,点燃香烛、纸马,人数按规模大小不定,最少两三人,多则七八人,做些消灾去瘟仪式,敲敲唱唱,让瘟神"昏晕"而去。

也有圩塘请木偶班子、提戏艺人唱戏,用来酬神,请瘟神来看戏,使他们欢乐而归,不再散布瘟疫。其实明明知道这些并不能达到预想的效果,但还是要举办。随着医疗水平的提高,圩塘村庄不再发生瘟疫,那消灾会也随之消失。

盲人会　盲人预测之术的始祖为鬼谷子,每年春天,取鬼谷子的生日举办盲人会,这是由乡村周边地区的盲人自发组织起来的风俗会,每年两次,轮流筹办,举办前发帖邀请。举办盲人会时,由主持做东的盲人领头跪拜鬼谷子先生,除举办小型宴席外,多为议定其"算命"合婚的价码,同时还举行拉二胡、吹笛子等文娱活动。第二次放在冬至前、天气尚未寒冷时举办。

童子会　每年秋熟登场,南通市郊区总要举行童子会,又称圩塘会。以一至两座圩塘为举办单位,推选圩塘中德高望重者主持,选定在月中望日,邀请童子艺人,并借助"天灯",欢庆丰收。

规模最大的童子会为九表十三圣，九表包括龙宫表、佛国表、南山表、北朝表、玉皇表、东岳表、地藏表、城隍表、都天表。十三圣包括开门圣、扬旗圣、取水圣、祭猪圣、跳笔圣、迷路圣、圆满（结斗）圣、告保圣、秉烛（上寿）圣、尊神（开光）圣、了愿（入库）圣、五路圣、末坛（消号）圣。

童子会的选址，一般定在村落中地段适中且又相对宽旷的打谷场。用方桌或长木板拼合搭成祭坛，祭坛两侧用彩布、柏枝扎制彩门，祭坛上供奉天神、五岳、地藏和本郡城隍、土地等纸马。

童子会开坛时，童子头戴纸冠，身系女裙，手执神刀，手舞足蹈，登上祭坛焚香点烛，乡民中的助手在场边燃放鞭炮。开坛童子用杯中倒满的烧酒，一边朝前喷，一边焚化文书符咒，念唱鼓儿书上的《三十六行》，代表做童子会的主人恭请三界神仙莅临。

下午由童子艺人"做外场"，做外场的一道道节目似魔术杂技表演："钻火刀""攻火圈""划虎跳""祭天坛"，最惊险的当数"爬刀山"。所谓刀山，就是取二十三档高梯子，每一档缚上一把刮布刀，刀的刃口朝上，童子艺人赤着脚，一档一档从刀刃口上踩过。两对高梯，两组"拼堂"，童子相互比赛，一比爬得快，二比脚底不破伤，观众的喝彩声、助威声在此时连成一片，达到童子会的高潮。

童子会收坛时，童子艺人率会首和参会人等，在祭坛前礼拜谢神，寄寓消灾、太平安康，整个童子会就此结束。如果延续到夜间，借助天空悬灯，再挂羊角灯助明，演出童子戏，又要乐上半夜。时下童子会的执事基本全免，而改唱童子戏，兼顾一些仪式活动，每年举办，还极盛行。

迎神赛会 又称出会，将庙里的都天菩萨抬出来，也叫都天会或庙会。南通的都天菩萨又分成老大、老二、老三、老四、老五兄弟五位，其实五位都天出自一位雕刻艺人之手,相传取的是一根粗长沾有香气的广木,根上一段塑的菩萨为老大,木梢为老五。据传供奉都天菩萨是为纪念唐代名将睢阳太守张巡。都天菩萨面涂红漆,显得非常威武庄严。

庙会的经费就得看庙里善男信女多少,出会半月前由庙友手持铜锣,袋藏"消灾降福"黄忏的路单张贴告示,顺着菩萨出会所走的路线一路走来,谓之"巡路"。没有经过的圩塘,圩塘内就不设祭,凡经过的圩塘就忙碌得不可开交。设祭非常讲究,除四八三十二只碗盘之外,还要供上整猪、整羊等。

出会的菩萨轿子,前呼后拥,吆喝开道时的"鬼班",高举"肃静""回避"字样的高脚牌,龙旗飞舞,鸣锣打醮,鞭炮不绝,威风凛凛。曾许过愿的善男,扮成红脸、黑脸的"摸璧鬼",一直在菩萨轿子前后"护驾"。以信女组成的烧"还愿"香的队伍,紧跟其后,接踵而至,迤迤逦逦,绵延数里。

在菩萨轿子前敲头班锣的善男,真不愧有"武功",凭借几根钢针戳在左手脉管上,吊着数十斤重的大锣,沿途边走边敲,震耳发聩,还有人手执夜叉,赤裸上身边跑边跳,剽悍威武。同时配有跑马灯、腾云、钟馗嫁妹、走高跷等游艺文娱活动,特别是锣鼓队陪伴前后,敲得热火朝天,达到娱人酬神的高峰。此俗很古,现已不再举办。

膳鬻会 金秋,正是市郊农村"珍珠归仓""白银满囤"的时候,由众人推选精明的办事者,募钱筹款举办"膳鬻会",灾年称"祈祷会",规模比丰年稍显逊色。

膳鬻会又称"施粥会"或"积善会"。特地请会吹笛箫、擅拉二胡的民间艺人,人数不限,同时还邀请几个金嗓子姑娘,在箫笛伴奏下演唱民间小调。唱词以祝丰收为主,如"天上星星十三排,丰收号子众人嗨,棉囤粮仓数不完,金山银岭披云彩"。俚曲乡音此起彼伏,引来笑语不断。

歌声中，几个身强力壮的小伙子和做事麻利的家庭主妇，抬上几大锅新米粥，向远道而来的叫花子施舍。叫花子来得越多，主办者就越感到荣幸，称叫花子为财神菩萨，欢迎大驾光临。

火神会　在百花凋谢、树木秃枝的寒冬腊月，气候趋向干燥，稍有不慎，容易引起火灾，故此时市郊农村习惯请来提戏艺人唱戏，祈求消灾降福。

火神为祝融，民间称他为禄神，故有句失火的忌讳话谓"避禄"。演提戏也多围绕谢敬火神。每当演出结束谢幕时，主角艺人总要尖着嗓子告诫观众"年残月尽，火烛小心""穷灶门，富水缸"，还顺便用唱戏的腔调演唱一首流行的民谣："腊月河水兜底枯，蒸糕做馒喜悠悠；美酒喝得醺醺醉，勿忘火神堂屋坐。"以敬诫大家，注意防火，安全过冬。

人情礼仪习俗

南通民阜物藩,是著名的苏北江南、鱼米之乡。民风淳厚,乡俗古朴,礼仪尤其丰富。

请喜酒 办喜事在城乡礼仪中尤为隆重,故"请喜酒"冠礼俗之首,一个"请"字,有不请不送的规矩。那漏请的亲友,送来"贺仪"时,主人加倍道谢"拖费了,拖费了",以挽回"漏请"的失礼。

旧时,请喜酒一般分为"请帖"与"面约"两种。请帖应用大红纸书写,多数请乡间颇有瀚墨肚才的老学者,俗称"知客"者缮写,请帖标明良辰吉日,两翼俱写恭贺、赞美、象征如意的祝词,诸如"麟趾呈祥""螽斯衍庆""琴瑟和谐""鸾凤和鸣""松鹤同年""天造地合"等。也有在一红纸折成的"折子"上写上多个被邀请的亲友姓名的。但是被邀请者须按先后位尊次序排列严谨,容不得半点疏舛。凡列帖首位(即首席)者在接到请帖时,应签署"敬陪末座"或"叨陪末座"字样,一般均挥笔用"敬知"或"敬谢"来撰签。题"敬知"者应准期赴宴,"敬谢"者则表示婉言谢绝。除此之外,亦有用"代知"二字,这就包含着"莅临"或"懒驾"的意思。个别则由家人或"知客"送呈时代笔。故出现"礼"到未见"大驾"或"大驾"光临未备礼品的情况。这种人多属所谓令人"蓬荜生辉"之类型，家主反而倍加荣幸。过去请帖仅限用乡董、地保、豪绅，以及主要亲戚的长辈与德高望重的族长。"面约"就是非户主亲自登门邀请不可，稍有"失礼"，亲友则会斤斤计较。

在邀请的贵宾中，媒人的贺仪是不收下的，原封退回。在上礼簿时，顺便给予喜糖或喜烟，凡送觌见礼的长辈，还回赠两条毛巾、香皂，如今还配专用被褥礼盒、床单被套，喜乐并举。当然被邀请的亲友不送礼者亦遭群众非议。

会亲 男女双方均需筹办，女方往往利用女儿回门时一齐操办，男方则抽出另一天宴请儿媳的父母及兄弟姐妹。如今会亲就放在"吃喜酒"的日子，有的两家在大饭店里一同筹办，这样会亲就不需要另外花费了。

谢亲 无论男女哪方，在吃喜酒办婚宴该日的傍晚前，都要专门外设一席简单的菜肴，燃烧一堆纸币，回敬对方的祖宗，谓之"谢亲"，请各方的祖宗一同"参宴"。

哭斋饭 老人在谢世之后，多数人家在村落和街巷间用白纸写上"谢帖"，表示丧家不请客闹丧，即使相处比较融洽的左邻右舍，也仅送上"一柱纸"，至亲则另加四盘（碟）普通茶食和一对白色蜡烛，尽管礼品微薄，还须请一"脚夫"，俗称"挑衾盘"者用笼盒挑去，这比吊丧者本人送去更显"尊重"。特殊讲究人家，与丧家关系非同一般，才送悼幛。悼幛用白绸、素绢、白竹布制成，中间习惯用"哲人自萎""骑鹤西归"等悼词，老太太多用"驾游瑶池""王母仙逝""佛爷圆寂"等字样。两边用长条白布两幅，俱书挽联于其上，挽联多颂扬褒赞死者一生业绩，俱系溢美之词。吊丧者落款于悼幛末端。待出殡时，以竹竿举幛、联于棺柩前缓缓而行，显示出晚辈的虔诚。亲友吊丧时，往往进门之前就开始恸哭，故称哭斋饭。丧家招待极为简单，俗称"三样六开，豆腐当斋"。所谓"三样六开，豆腐当斋"，指的是两碗干豆腐,两碗茶干,两碗百叶,两碗豆腐汤。

丧家收人情、礼品的账簿曰"赙簿"。记上亲友礼品与钱币之数。赙簿为白纸装订,所订页码,要超过亲友数,不作兴赙簿页码装订少了再增加,似有留下不顺遂之嫌。

随着时代的推移,哭斋饭的礼仪亦在不断地变化,从送一柱纸,到送普通被面,再由送高档被面到送毛毯、踏花被,也有送花圈、花篮的。近十年来又在步步提高,丧仪礼从数十元,直到几百元、上千元不等,办的"斋饭"也不再是"三样六开",而是与办喜酒不相上下,唯不同的就是最后一碗汤是豆腐汤。地方名人还到殡仪馆开追悼会,时下,普通百姓也在开始时兴在公墓祠堂办理丧事。

亲友送达丧礼的时间,最迟不能超过死者入殓,如果在入殓后送吊丧礼,会引起主人反感,似乎亲友在故意"错待"他。

在朝亲友报丧时,报丧者每到一家,主人都得倒杯茶或让报丧者吃上点心之类食品,以免让报丧者"空口说白话"。如受报丧的亲友未能领会,说明这样的人家不懂礼节,没有礼貌,会受左邻右舍的唾弃。宴席上的鱼一定要吃掉,不宜留下,即使不动筷儿,也要将鱼搅碎,寓意不能再有二回。

凡丧父母的儿子称为"孝子",对来悼孝者均要单腿行跪拜礼,谓之"下礼",一直延至逝世者下葬为止。

送五七 为对死者表示追悼,亲友均要"送五七"。除纸烛、钱币、面条,还送挽联,辞句多涵盖褒赞死者一生功绩。女儿家和至亲还要用猪首、整鸡、活鱼、糕点四样作为"祭品",客气人家办四八三十二样瓜果以及"大菜",送礼者破费,受礼人家也无用场。

八十岁、八十一岁的老人谢世,民间称为"子女讨饭日",要子女为亡者"讨饭",用"乞化"来的米煮"下差饭"。凡遇"乞化"来者,无一家不馈赠的,以五户为限,且放在天明之前。

挜寿面 寿面往往在亲友劝说下筹办，故称"挜寿面"。民间每逢生辰称"散生日"，逢十叫"正生日"，三十以下一般不贺生日，三十是人生坎坷生涯中重要的一站，故有"三十而立""年逢三十半老人"之说。新中国成立初人平均寿命三十六岁，今达七十六岁，在乡间有"三十不贺，四十不发"之俗仪。三十岁生日大凡得由岳父母家出面送礼，为其贺生日，那晚婚未娶的男青年则由自己父母操办。嫁出去的女儿，则是过后由父母邀请女儿为其"补生"，一般不送贺仪。

近十年来哪怕周岁、十岁、二十岁都有贺生日的民风，送的贺仪档次也很高，宴席也非常丰盛。甚至散生日也在庆贺，不过多以家宴为主，摆上比平时多的荤蔬菜肴，重要的一点是非有面条不可，否则就不叫"吃寿面"了。

乡下对三旬、四旬、五旬一般不称"贺寿"，而叫"送面"，筹办人家叫"吃面"。六十为一花甲子，称"甲子寿"，才称"贺寿"；七十古稀之年称"康寿"；八十称"长寿"；八十一岁敬生日时，老人忌讳九九归一不吉利，到女婿或亲友家"躲寿"；九十岁称"龙寿"；百岁老人称"天寿"。时下百岁老人比例步步增大，除普通百姓贺寿外，地方政府及社会团体均要送来蛋糕、慰问金。贺寿时不定期增了一桩小插曲，就是吹蜡烛，还唱《生日歌》，第一碗加菜面，首先给"老寿星"，亲友贺寿不再像以前贺寿"面篮子一拎"就完事了。八十岁以上的贺寿，散席时得分每家每户一只"寿碗"，有的人家还特地在碗上烧铸上"××老寿星生日大吉"字样，碗上多铸有"寿"字。生日日期，民间是按农历的，也有改在公历的，也有随兴致决定的，总之以大家高兴为原则。

贺寿大多宴庆豪华，场面宏大，有的摆在大饭店内，还燃放鞭炮，但也有老人不让晚辈们放炮，迷信放了鞭炮是向阎王爷报信,很不吉利,也数"萝卜青菜,各人喜爱"罢了。

揽送糕 在起房造宅时送礼叫"送糕","糕"谐音"高"。送糕不预先约请,凡准备送糕的亲朋至友,在主人不肯透露上梁时辰的情况下,千方百计探得站柱上梁时的良辰吉日,方将礼品悄悄送上,故称"揽送糕",说的就是硬要揽上送礼的举措。

因主人"保密",所以送糕的亲友限定的范围很小,重在嫡亲挚友,特别是主人的岳父母家。送来礼品,正值过年之前就送年糕,平时得送用米屑做的"状元糕",或甜甜的云片糕,再加上粽子表示"日后高中",加上鲤鱼、猪腿和鞭炮、香炉、烛台、挂匾,另附一对或两对活鲫鱼。主人正忙着建造新房,重在能于上梁时取个热闹。

真正送糕还在贺新居时,待新居落成,主家乔迁之喜时送糕,而在城里购新楼房时送糕叫"闹糕",实是贺新居。除赠以礼品之外,岳父母家特另加碗筷、餐具、喜字画匾、大额钱币、电器彩电、红木桌凳等高档生活用品当成礼品赠送。凡亲友送来的钱币,一般不能全部收下,按20%～30%退还,贺新居的菜肴亦非常丰盛,如家里不便筹办就上饭店宾馆。参加送糕宴时,鱼不宜动箸,非得留着,叫"连年有余(鱼)"。这与"哭斋饭"相悖。

在赠送的喜匾上,若是刚建房,就写上"落成之喜",若是新房搬移了地址或刚购的楼房则写"乔迁之喜",主人是文化造诣很高的就赠送名人字画,当然请人题上颂扬诗词。

火烛饭 旧时南通市郊农村,多系苇幛、禾秸当墙的草屋,容易发生火灾。民间对火灾往往"谈虎色变",尤加忌讳,一般不叫失火,而叫"走水",或者称"避禄"。

当一家遭了火灾之后,无须主人去"通知"亲友,包括左邻右舍在内的凡闻讯者,纷纷煮好满淘箩热气腾腾的大米饭，带上荤素搭配四样或六式的菜肴，一并送到遭受火灾人家，谓之送"火烛饭"。"火烛饭"其词取自民间谣谚中的"年残越近，火烛小心"。在送火烛饭时，凡带来的碗筷、筐篮、炊具等，一并赠送，不予带回。如果某些闻讯迟缓的亲友，煮火烛饭来不及，就背油、米、面、盐等遭灾人家急需的生活用品，这样的做法，也叫送"火烛饭"。

这种古朴、淳厚、真诚而又及时援助的礼仪民风，代代相传。一些手头比较宽裕的亲友，还慷慨解囊，资助遭灾人家重建家园。迄今，楼房林立，火灾事故明显减少，但若遭灾，送"火烛饭"的民风依然存在，不过"出手"比起以往可大得多呢。

地方政府和社会团体给予大笔补助，对孤寡老人及残疾人等，帮助重建家园，让这遭灾人更体会到社会主义大家庭的温暖。

回赠礼 俗称"打线脚子"，是专用于对未满"笄礼"年龄亲友首次莅临子女的回赠礼。南通城乡非常盛行，谁若疏忽，亲友会在背后议论纷纷，称主人不懂礼仪，吝啬小气。

刚满月的孩子，跟随年轻母亲首次到外公、外婆家时，外公或外婆就得给孩子回赠礼，曰"拖碌碡"，表示回赠礼要像石碌碡一样沉重：一是钱给得多；二是礼仪重。也有外公外婆回赠大大的"长命富贵"的古铜钱的。古铜钱表面铸有十二生肖小动物图，孩子未来要像小动物一样生龙活虎，聪颖能干。

无论哪家婚丧喜庆，凡亲友未成年的子女，第一次登门，总要给回赠礼，钱的数量多少，从二三十年前的几毛钱到后来的几元钱，直至近年来的数十元到几百元、上千元不等。

拜干亲 干爹、干娘作为长辈，几乎与父母画上等号，有时作为晚辈来讲，对待干爹、干娘比对自己的父母还要崇敬，因为父母是自家人，干爹、干娘是"客家人"。民间拜干亲有几种类型：

一曰抚养型。父母双亡，无人抚养，现今名称叫养父、养母，而在民间，称作干爹、干娘。这类抚养对象，求学、成家，往往全由干爹、干娘承担，这样的干爹、干娘比作再生父母也不过分。

二曰亲眷型。个别年轻的父母担忧生下的子女三病六痛，或过早夭折，按瞎子算命认为婴儿非要双重父母，有的还物色干爹、干娘的生肖与干儿女"结缘"，有直接接触的，也有请人中间"搭桥"的。这样儿女所拜的干爹、干娘，就得送上礼品，干爹、干娘也把干儿女当成自己的亲生儿女，过年时，首碗圆子盛起放在一边，待干儿女来拜年给他（她）"补年"。之后作为亲眷常来常往，直至长大成人结婚之后，还当至亲经常走动。

三曰特别型。一些年长者或老人身边没有儿女，或有儿无女，或有女无儿，在心灵上形成一种缺憾，老人经过"考察挑选"，找好心里理想的青年男女作为其干儿子或干女儿。有的给予钱币，也有的给予值钱的珠宝，甚至整个家产。

四曰亲近型。自己的父母与对方为同龄挚友，有特别的感情，友谊深厚，故认对方为干爹、干娘或选对方子女为干儿子、干女儿，以此来加深情谊。

五曰靠山型。旧社会生怕遭到欺侮，通过"中介"寻找在地方上有钱有势的长者作干爹、干娘。以前怕"抽壮丁"，拜干爹；财主子女怕遭暗算拜干爹。

一二三四类"拜干爹"的类型，迄今依然存在，第五类靠山型已绝迹。

日常生活习俗

饮食地域有别 民以食为天,南通人一日三餐的饮食习惯,是一饭两稀(粥)。

南通人特别是农民,谓之"农民生得像,收一样,吃一样",其意是说,种什么,收什么,收什么就吃什么。每当夏收元麦登场,打谷场上连枷挥舞,"黄金飞溅",脱粒后晒干扬净,磨成糁子,并从中筛取"元面",擀成粗面条,谓之"元面条儿",不同于以玉米为杂粮的玉米糁儿粥,而用细糁子煮粥,粗糁子用来煮饭。

中午很少有吃纯米饭的,得掺和三分之一或二分之一甚至三分之二的粗磨糁子煮成"糁子和米饭",俱置铁锅内烧煮,直烧得糁子冒出焦香烟雾为止,上嘴疏松爽口,香喷诱鼻,约到30年前才慢慢改掉糁子和米而光食大米。老农教诲后辈爱惜粮食,称一粒米七斤四两水。大米不能掉在厕所里,如若孙辈不懂,还要烧香求得神的宽恕。

以前南通城郊喝茶,春夏以藿香为茶,秋天以佩兰泡茶,请亲宴友才招待茶叶。饮酒则是自家酿制的老白酒,不定工作地点者方到沿街酒店"小酌",谓之"有酒无肴,萝卜干儿一条"。如今人们饮食生活习惯发生了巨大的变化。

小吃仍然受宠 南通小吃一向著名。诸如白蒲茶干甜夹香、丰乐桥口羊肉汤、南通城里水晶糕、西门口的甜包瓜、迎春桥上"龙虎斗"、岳家桥的五香仁子、五步桥的葱花馒头、张家店的豆腐脑子、崔家桥的红烧羊肉、平政桥的蛋饼、长桥北堍的炸大排、南通城门外的虾子茶干、消暑佳品藿香饼、赤豆锅巴糕干粥、十字街口粢饭团等，还有平潮的京枣、秦灶的麻糕、西亭的脆饼，琳琅满目，色、香、味俱全。

虽然民间小吃总是层出不穷，但悄悄地在摒弃肥腻，寻求滋补。比如煮食羊肉时，则用芫荽来点翠使菜更香。取离水鲜活的河蚬和嫩茸菜头烩炒，菜汤白腻似乳，鲜美无比。光亮透紫的秋茄，加上肉末清蒸，茄肉含有肉味，肉末又有清香。此外还有素炙丝瓜饼、黄瓜鲜虾汤、葱花油炒嫩蚕豆、炒米肉丁炖鸡蛋、麻油拌椿芽喷喷香，以及赤虾糟、腌蟛蜞、炝沙蟹、鲫鱼嵌砧肉、过年的"鸡脚"冻、野鸡丝、面拖脱壳蟹、时豆炒螺蛳等，吃了还想吃，吃过不忘怀。下面列举部分南通小吃。

芋芳烧鸭子　芋芳烧鸭子似乎不是一道特殊的菜肴，纯是乡土菜式，然而在八月中秋家家喜欢吃这道菜，其来历有一定的意义。

看过史书的朋友都知道，我们江海平原在元朝末年受蒙古人统治着。泰州盐枭张士诚起义，打着"逐鞑"旗帜，并约定在当年中秋节午夜一定要吃月饼，在月饼中嵌上"齐杀鞑子"的字条作为信号。义军一举就将蒙古统治者赶跑，这一起义行动，通称"杀鞑子"（谐音"杀鸭子"）。同时相传朱元璋也在江南率部起义，不幸让元军打得落花流水，只好躲在芋芳地里，挖芋芳充饥，结果重整旗鼓，中秋与张士诚联合抗元，取得彻底胜利。故此在民间将这两样荤素菜并在一起烧煮，于中秋食用，谓之芋芳烧鸭子。

其实中秋前后的鸭子，正是新鸭，刚刚油满翅丰，肉质新嫩。芋芳也是刚上市之物，《唐本草》称："芋芳蒸煮冷唊，疗热止渴。"多取青葫芋艿（俗称白糖芋），从热锅里氽过，芋艿表皮略呈微黄，和白斩鸭肉一齐红烧，鸭油渗入芋艿之中，使鸭肉肥而不腻，芋艿又沾上"荤气"，吃起来异常可口。再配上一则故事，更是趣味横生。

"鸡脚"冻　"鸡脚"，官名石花菜，形似鸡脚而得名。因产于海南岛碎珊沙石间，白者称琼枝，红者为草珊瑚。《本草纲目》曰："石花菜高二三寸，状如珊瑚，枝上有细齿，以沸汤泡去末屑，沃以姜醋，食之甚脆。"

早先在民间一俟冬天，尤其到年节时，几乎家家购上"鸡脚"若干，经浸泡之后，干石花菜便恢复原状，再置锅里渗进咸肉汤将石花菜煮烂，然后加上浸胖的黄豆，经过几沸之后，那石花菜早已沸成糊状，再盛在钵头或瓦盆里，让天寒地冻的气温冷冻，谓之"鸡脚冻"。而后用锋利的快刀一切，就像一块块冷冻食品，亦可用以待客，过年家中作为佐肴，更是极有滋味。

石花菜据《日用本草》誉称可去"上焦浮热"。《本草便读》认为："清肺部热痰，导肠中湿热，治阴虚湿热，痔血等症均可用之。"

如今，家家均备有冰箱，一年四季都可以享用这价廉物美的食品。

干制胡萝卜　胡萝卜为一年或二年生草本，根茎粗壮，一般有红、黄两种颜色。《各家论述》曰：胡萝卜可防癌、抗癌。因味辛则散，味甘则和，质重则降，故具有宽中下气、补中健食、壮阳暖下的功效。农村自古以来就把胡萝卜当成土人参作为冬、春食品。

初冬绿茵茵的胡萝卜叶，可用开水焯后拌醋而食。因江海平原所产胡萝卜多为黄色，故有一笑谚曰：胡萝卜煮番瓜——一色之说。一些村民将吃不完的胡萝卜用盐渍法储藏，将胡萝卜经腌制后投入清酱里，当酱菜佐餐。

最好的办法，就是选择不粗不细又比较"苗条"的新鲜胡萝卜，趁晴朗天气，经清洗后晒干，尤其注意不让干品表面生出霉点。留待暮春时候取出，用沸水烫上几遍，然后切成小段，拌上味精、小磨麻油、原抽酱王，让牙齿力颇好的青壮年食客细嚼慢咽，真是越嚼越香，满口滋味。

粉皮和菜　宴席上第一碗和菜通称"头菜"，以一"主菜"而定名。粉皮和菜则以粉皮为"主菜"，不仅用来待客，还成为普通家庭中荤素搭配的菜肴。旧时栽秧，非得上一道"粉皮和菜"，才算主人"客气"。

其实和菜早就有之，冯征《瞻云楼外史》载："端阳南通除食角黍（粽子）外，午膳菜中，又有所谓和菜者，系将鸡、豚（猪）肉、蔬菜十余品，混合为一菜名。相传因明代南通屡遭倭扰。端午日，俟寇入，御者仓促饱食，掺和食品食之用以御敌。是日大胜。"

民间在粉皮上市时，就喜用河虾、肉丝、蛋皮、韭黄、鲜菇、笋片，加重油爆炒，并以味精吊鲜，用来待客。

时豆炒螺蛳　在"芒种"和"夏至"先后上市的毛豆曰"时豆""端午景豆"，因毛豆颗粒"小巧玲珑"、鲜嫩而著称。螺蛳官名蜗螺，俗称螺儿，或叫田螺，明李时珍对此有过精辟的论述：师，众多也，其形似蜗牛，其类众多，故得名，生江夏溪水中，汉沔尤多，大如指头，惟食泥水。春月，人采置锅中蒸之，其肉自出，酒烹糟食食之，尚可明目下水，有治黄疸水肿等功效。初春刚"出土"的螺蛳多含污泥，炎夏又有水虫，时豆上市正值螺蛳肉肥鲜嫩的"最佳"时节。

时下，因河水污染，螺蛳在一般内江河已渐渐绝迹，螺蛳的售价也由当初的低廉价，而跃为节节跳价。尽管如此，精巧的家庭主妇和"算筋算骨"的食客们，还是不愿弃此良机，会网捕的亲自捕捞螺蛳，不会的则上街买上几斤。而后将活螺蛳置锅中蒸煮后，用针挑出肉，洗尽残留的污泥，捏掉螺肉内的"籽",先在热油锅里爆炒,加黄酒、姜末、胡椒粉以去"寒气",然后加上刚剥出的新鲜"时豆"与韭菜末,重新爆炒,真是香味飘溢,街巷留香,路过者闻之滴涎。若乘兴"清樽慢酌",真余味无穷。

面拖脱壳蟹 赤日炎炎,乌蝉放歌。小伙子们结伙下河洗澡,顺便持一只布口袋就有收获。在下河游泳之余,随手可以在沟岸洞穴里摸到螃蟹。摸一两个小时就能捕捉小半袋蟹。有时在稻田岸边,用细竹签穿上蚯蚓作钓饵,也能捕获不少螃蟹。不过,那已是过去的事了。

常言道:"蟹脱一层壳,身子大两壳。"盛夏正值蟹的"发育期"。脱壳是蟹发育的标志。蟹脱壳之后,蟹体就大"一圈"。蟹不但含有诸如人体必不可少的维生素A等物质,还具有"补骨髓、滋肝阴、充胃液,养筋活血,治疽愈核"等功效。

食客们将脱壳蟹洗净之后,"带活"揭掉蟹壳,剔除污物,放入加注细盐、黄酒、味精等佐料的稠糊里一拖,全蟹"滚"上一层"小马甲",随即投入热油锅里一炙,待甲壳微呈金黄,蟹脚爪已酥,捞出再蘸上姜丝、香醋等配料,即可食用。如果下酒,的确是美味佳肴。今天,这道家常菜已成了贵族菜。

羊肉菜茸 入冬,红烧羊肉、羊肉火锅、羊肉粉丝,冷浇、红焖,业已司空见惯,然而羊肉菜茸并不多见。半个多世纪前,那时天花仍有流行,一旦染上天花,患者生命垂危,轻者在脸部以及全身留下疤痕,重者则会殒命。因此凡做父母的,为能让孩子不生天花,就携带儿女去接种牛痘。

孩子接种牛痘之后,有的母亲特地买回一块新鲜羊肉,切成薄薄的羊肉片,并取黄芽菜嫩茸,一齐烹饪,且掌握住偏淡口味,谓之"吃泛(发)味",据传,若口味偏咸,吃了会留下咳嗽症的。时间虽然过去很久,回忆当时凡替孩子接种牛痘的人家，家家几乎都要为孩子"开小灶"，体现了做母亲的一片苦心。

说也奇怪，这样鲜美可口的菜肴吃下去之后，大概是增加了营养的缘故，接种牛痘的手臂上的"牛痘"，不出一天就"发疱生疮"。这时做母亲的高兴地絮叨着：这下孩子不会出天花啦！

当今天花早已绝迹，种牛痘也不存在，而羊肉菜茸依然是挺不错的家常菜。蔬菜价廉，羊肉味美。加上羊肉营养丰富，具有益气补虚、温中暖下的功能，无怪乎《名家论述》认为，凡味（其他食品）与羊肉同（煮）者皆可以补之。

鲫鱼嵌砧肉　民间有名食谚曰：寒鲫夏鲹。其意是说夏天鲹鱼鱼肉肥嫩，冬天鲫鱼鲜美。相传仓颉造"鲜"字，正是吃了一道鲫鱼、羊肉和在一起炖烧的菜肴，其味尤鲜。

然而我们江海平原的父老，则喜在鱼米之乡就地取材，调整口味，以增食欲，就千方百计烹调既合口味又有营养价值的美味佳肴。

冬天的鲫鱼因活动缓慢，不善洄游，故体肉肥厚，尤为鲜美。鲫鱼含多种维生素，故《医林纂要》称誉："鲫鱼性和缓，能行水而不燥，能补脾而不濡，所以可贵耳。"

食"鲫鱼嵌砧肉"可取约500克的活鲫鱼，去鳞，剖腹，去除内脏，洗净配之已砧成细末的夹心猪肉，调进姜丝、鲜葱段、味精等作料烹调而成，誉称"鱼有肉味，肉有鱼鲜"，既有鲫鱼的鲜美，又有肥而不腻的猪肉配搭。

腌蟛蜞　每年开春，若逢"伐沟坎"，往往能捕捉到蟛蜞，或者到春末夏初时，经过一阵雷雨之后，芦苇滩畔，河滨沟坎，就会爬出无数青灰色的蟛蜞。一俟天近黄昏，提一盏灯火，背篓提桶，随手捕捉，以殷红壳或雌性蟛蜞为佳。

将蟛蜞洗净后，放置在瓦罐中，撒足细花盐，折一把香气幽雅的茴香，再灌倒足度的曲酒，名曰腌蟛蜞。约经48小时后，就可试食。在鉴定有无腌熟时，折一螯足，连肉带出谓之熟。腌蟛蜞肉，香嫩鲜美，真可谓下饭佳肴。《崇川竹枝词》云："菜花天气捉蟛蜞，小蒜蔫酸唤卖时。野雀无名罗格椴，春风啼近社东西。"足见当时集市上卖腌小蒜，正是捉蟛蜞的最佳季节。时下河水污染，除江滩之外，内河里蟛蜞几乎绝迹。

赤虾糟　以糯米酿酒，其糟系南通独有，民间舍不得丢弃，腌制后当饭粥佐肴，稍微考究者，则加进赤虾，以增鲜美。

赤虾，《集解》谓："溪池间虾小而色青，磔须钺鼻，背有断节，尾有硬鳞，多足而好跃，其肠属脑，其子在腹外，躲藏游弋茭白根须之间。"

在腌制赤虾糟时，取酒糟掺和细盐，把活蹦乱跳的赤虾拌和进去，置墙角下，和泥密封。约月后，起封发现虾壳如蒸煮一般，俱成红色，且变成仅剩虾壳，虾肉已化成油肉，流进糟内。这样添上香油、葱段蒸煮即可当佐食，成为佳肴馈品。有时亦可投入蒸煮熟的河蟹、火腿肉、鱼干、鸡脯，待到年节食用，蟹鲜、肉美、酒香、鱼甘融于一体。

香椿芽　香椿在家乡被封为神树，其材雕刻楔木，托住房屋正梁，用于祛邪镇宅。香椿树主干矗立向天，绝不虬曲，故被誉为栋梁之材。

每逢春暖花开、百草缀茵季节，香椿抽叶绽芽，谓之椿芽。其味香醇，尖叶鲜嫩，诗人称"雨（谷雨）前香椿嫩如丝"，一点儿也不夸张。香椿芽多呈酱紫微红，芽苞肥厚，香味馥郁纯正，是家庭乡土菜肴，若用来待客酬宾，宾客往往会将餐桌上的香椿芽一扫而空。

家乡吃香椿芽有多种方法，通常是先将嫩茸香椿芽洗涤干净，置沸水内一焯，挤捏掉苦味水渍，再用温开水泡汰，然后挤去水分，快刀切成细末，加进细盐、味精拌匀，浇洒小磨麻油等作料，即可举箸食用，微微搅舌品味，嘴角留有余香。也有用小陶罐腌制的，湿泥密封罐口，约待半月，取出切细，用以当下饭酱菜，稍带咸酸，能催食欲。

炒米肉丁炖蛋 "三月里的蛋，好当饭。"南通郊乡是这样赞美"桃红柳绿、莺歌燕舞"季节禽蛋丰产时候的。

家庭主妇为能改变伙食，除在荤素菜肴上时时变换烹调花式之外，在蛋的吃法上也相互竞技。

"戏法人人会变，各有巧妙不同。"等量的鸡蛋，经过加热炖熟之后，会有稠有薄，关键在于除搅拌均匀之外，又得使锅内蒸气"充裕"地"一步到位"，这样炖的蛋才会厚笃笃，油香四溢。

在炖蛋中加上炒米、肉丁、鲜翠葱段，既肥而不腻，又葱香醉舌。不过在家乡则流传着与炖蛋本身无关的歇后语，叫作"炒米炖蛋——面子账"。其意是说与人相交，情只在表面，不是推心置腹的深厚至诚。旧时有一首民歌是这样唱的：姐儿约郎没有约真，只见花影不见人；别学炒米炖蛋面子账，要像晨星追月不离分。当然这仅能作美食中的一趣。

有时舀一勺炖蛋，浮在猪蹄汤里，称为芙蓉蛋，又别有一番风味。

葱花蚕豆 蛙鼓阵阵，黄鹂婉转，正是夏天将至。谚语曰"立夏节，赏新豆"，即在立夏前后品尝上市的新蚕豆。俗话说，"带嫩吃三天，带老吃三天，正好吃三天"，足见蚕豆上市的时间该多短促。嫩蚕豆涩嘴，老豆又失鲜嫩，在颗粒饱灿时来做寻常人家的佐食，最为适宜。

新蚕豆吃法很多，有雪里蕻菜炒蚕豆，有蒜苗炒蚕豆，还有笋片炒蚕豆，然而都不及葱花炒蚕豆味美。

剥出刚采摘下来的青蚕豆，洗净并剔去"沿嘴"，倒进油量颇足的热锅里，炒上几铲刀，爆出几响油炸声，再撒少许葱花、小段青葱入油，倏忽间就溢出让人垂涎欲滴的葱香。即刻将豆皮上油光亮亮尚在冒着热气的葱花豆端来下酒，真是回味无穷。

蚕豆冠起黑线时，习惯称作"老豆"，多剥成豆瓣，有时则放进茴香、八角等调味品，煮成五香烂豆。用剪刀剪成"燕尾"，置热油锅里一炸，就成了蓝花豆，吃法也是五花八门。

霉菜干　暮春时节，正是家乡蔬菜名目繁多，一下子吃不及的季节，在此情况下，就得设法将蔬菜加工收藏，以待替补蔬菜的"青黄不接"。通常有两种加工方法，一曰晒鲜干，二曰腌咸菜。晒鲜干取蔬菜鲜嫩之时制作，腌咸菜则要待蔬菜比较老一点后进行加工。

江海平原上的父老们，真会动脑筋，制作霉干菜即是以上两种加工法的综合。选择一个晴朗的好天气，先将新鲜蔬菜（多选芥菜、雪里蕻，有时亦取白菜、青菜）去根、洗净、晒干，置缸内加盐踩踏，加一块硕石压出卤汁，待颜色由青翠变成微黄，再裹在细孔布袋里榨掉卤水，一棵挨一棵地挂在绳子上晒干。也许是天气阴湿时表面"还潮"，生出霉点，而叫霉菜干吧！

霉菜干用来煮肉、烧豆瓣、炖鸡、烧海鱼，可称样样入味，不过多数农家用以当下饭菜。"虎皮扣肉"的衬底菜就是类似的霉菜干。

黄瓜鲜虾汤　在"布谷盘旋飞，蔷薇扑鼻香"的季节，乡村圩塘里一望无际的田野边，几乎家家都搭起黄瓜棚，挂满伢儿臂膀粗的绿油油的黄瓜，一俟瓜蒂一段呈黄澄澄时，其瓜就更肉质饱满，即可用以做菜。正如一则民间谜语赞得好：色如碧玉形似瓦，清香喷艳溢齿旁。此味倒非寻常物，疑是仙品落农家。

家乡弯弯的小渠里，青苇袅袅的小河边，芦苇摇曳的港湾间，水下穿梭般的河虾游弋嬉戏。用网捞，举钩钓，下河捕,就能很快捕获一两海碗黑壳"拖脚子"河虾。剪掉螯脚,投在黄瓜条片汤里,加葱末和数十枚豆瓣,便是一道美味;有竹园的人家,掰几根鲜竹笋,切成笋片或笋丝投入汤里,则更添鲜美。

酱黄乳腐 黄豆制品可谓五花八门,加上报纸上一宣传,豆腐成了滋补佳品、防癌"冠军"。豆腐做成的卤制品,诸如酒糟乳腐、臭豆腐,添加颜色的红乳腐等,亦成了早餐的佐菜。

还有一种不登大雅之堂的酱黄乳腐。每年在黄梅天之后,家庭主妇买回"乳腐坯子",让其自行发酵,然后撒上经过细目箩筛筛出的酱黄,一层乳腐坯,一层酱黄,这样腌制出的乳腐既松软又鲜嫩。

童子鸡 在蝉声朗朗、柳丝袅袅、乡里忙忙碌碌将进入"晾夏"的时候,南通城郊农家的菜肴以素淡为主,唯将鸡奉为"家珍"。鸡系自繁自养、自饲自宰,用以改善伙食,或用以待客。

童子鸡即未开啼的小公鸡,因正处于成长增肉初期,尚在发育,肉质鲜嫩。宰杀时多取1千克左右、不瘦不肥的童子鸡。待放血、汤烫、拔毛、开膛洗净之后,入锅烧煮,便肉酥骨离。要想鸡肉鲜香四溢,尤需注意火候,方确保童子鸡皮脆、肉嫩、味美、形整。若时间欠佳,则熟而不透,不宜啖嚼;火候过头,鸡皮焦,肉质就要发硬,失掉了童子鸡的美味。医书上认为童子鸡可以滋阴养血,濡燥除烦,解毒息风,温中益气,补精添髓,并可治虚劳羸瘦、中虚胃呆等症。

在烧炒童子鸡时,加上一枚翠青椒或大红辣椒以点缀,真是香美色艳。有时加青毛豆子儿或鲜山芋丁而增其量,全家围坐,就能品尝起"家珍"来了。

素炙丝瓜饼 丝瓜为一年生攀藤草本,茎可达7~10米,一直能攀至高高耸立的树梢,结果累累。明朝的李时珍曾言:"丝瓜在唐宋之前还'无闻',今南北皆有之,以为常蔬。嫩时去皮,可烹可爆,点茶充蔬……"

家庭主妇除将丝瓜烧汤之外,为改善口味,还把丝瓜切成条,剁成细末,加少许细盐,轻轻一攥,捏掉其汁,"泡"在面粉糊里,加两只鸡蛋清调和,投入油锅里一煎,待丝瓜末与面粉糊不散开即可捞起做菜。这样把丝瓜饼氽在肉骨汤里或蛋丝、青毛豆子儿汤里,加上味精、麻油、韭菜末等,就成了一道价廉物美的乡土菜肴。

如果没有肉骨汤,也可在素炙时待略微老黄一点,捞起带热而食,鲜香飘溢,蘸上酱醋,更是有滋有味。

清蒸秋茄 每年夏初上市的茄子为"上市货",而到秋天的茄子则称"落市货",秋末结的茄子常称"罢市货",民间叫"冷露茄儿",茄子表面乍看油光发亮,紫中透红,有一种蔬菜难得的新鲜感。相传当年隋炀帝见其色彩奇异,认为是仙物,而赐名为"昆仑紫瓜"。

茄子,《五代贻子录》称酪酥,医书上也有叫"落苏"的,据说原产印度,西汉时才传入中国。茄子含有大量的维生素D,能增加人体细胞的黏附力。医学上称能散血、止渴、杀虫、消肿宽肠、止乳痛等。无怪乎文学巨著《红楼梦》中将茄子列为珍肴的"茄鲞",主要原料就是取自茄子果肉,弄得刘姥姥不识它是乡下的"土产"。

秋茄的吃法亦很多,最富有营养价值的要数清蒸秋茄。众所周知,食品清蒸,原汁原味,其营养成分基本无损。食客们将无籽、鲜嫩、光泽艳丽的茄子对半切开再分成片状,果肉一端不使脱离,置锅中或电饭锅、高压锅蒸煮。待蒸熟后蘸上蒜泥或麻辣酱,或自制面酱(稍滴几滴麻油)饮酒助餐,鲜美可口,蛮有滋味。

蒜叶山芋 山芋,南通亦称"番芋",外地多叫"地瓜"、"红苕"、"白薯",学名"甘薯"或"红薯"。

不久前，有关研究所对四十余种蔬菜做了抗癌成分的分析，实验结果，首推熟红薯，其次才是芦笋、芹菜、金针菇等。农家从老人到小孩，都喜欢食用山芋，可蒸烤，而多将山芋切成薄片，投入熟热的素油中红焖，待山芋七八成熟时，再加上鲜嫩蒜叶小段爆炒，须臾间便从锅中溢出香甜美味来。

《本草纲目》赞美山芋具有"补虚乏、益气力、健脾胃、强肾阴"的功用。《南方草本状》说："旧珠崖（山上）之地，海中（岛屿）之人，皆不兴（懂）种耕稼，惟掘地种甘薯，秋熟收之……"

山芋含有一种黏液蛋白，是一种多糖蛋白混合物，医家早已将其列入"食疗"的范畴。早餐或晚餐喝上一碗热腾腾的稀粥时，配之蒜叶山芋，既增加了食欲，又别有风味；加之价廉物美，又有增强肌体、抗癌和抗动脉硬化的功能，真是一种好食品。

地产菠菜　农贸集市上的菠菜，《本草纲目》称波斯菜，其意是原产波斯。农村中种植菠菜的父老竟冠其为"皮菜"，因逢年过节忌讳"菠"字（谐音风波突变），怕不吉利。

相传乾隆皇帝下江南，从扬州来到泰通地界私访，不觉已过晌午，饥肠辘辘，寻访一农妇家，要求讨口饭菜。农妇见其商人打扮，就从地里挖上几把菠菜。皇帝吃得有滋有味。问及此菜何名，农妇是一聪颖的巧女，秀丽的眸子忽闪几下，小嘴巴一抿曰：头戴红缨帽，身穿碧翠袄，名曰红嘴绿鹦哥，恰是一棵草。皇帝回宫，要求御厨司寻"红嘴绿鹦哥"。御厨不解，最后方弄清这是菠菜。无怪乎《实用中药》称它为"鹦鹉菜"。

其实菠菜的吃法很多。一曰炒，将洗净的菠菜在热油锅里爆炒，再加上精肉丝，若喜素则加点五香茶干条。二曰冷拌,把菠菜在开水里一焯,挤掉卤汁,剁成细末,和酱醋、细盐、砂糖、味精、麻油拌和,再配搭鲜虾米"点缀",更是别有风味。三曰落汤,取少许菠菜叶,"落"在豆腐或者猪肝汤里即可。无论何种吃法,重要的一条是不能让火候过头,始终保持菠菜叶翠绿可餐。

菜头烩蚬子　白菜心是一棵白菜中最鲜嫩的部分,菜头则是包括菜心在内无菜叶的根段。

白菜,在《渔湾竹枝词》中称"菘菜"。其诗云:侬家也住东海东,春来韭菜秋来菘。鱼虾蛏蛤般般有,惟爱蚝蛾(文蛤)味不同。作者引用了一则典故:唐李延寿《南史·周朗传》:"文惠太子问顒菜食何味最胜。顒曰'春初早韭,秋末晚菘'。"足见早韭菜、秋白菜也成为皇室的主要菜肴。

每逢食时,从大棵白菜取上约二寸许一段菜头,洗净切成片状,和上爆炒好的新鲜蚬子。《唐本草》云:蚬肉(汁)能开胃、催乳。《本草求源》还美其言曰:"饮食中毒,蚬汤可解。"因此用这一荤一素在锅里猛火煮沸脍炙,待菜头微烂便可盛起,因蚬肉含有大量钙质,菜头又含有多种维生素,两菜混烩的菜汤白腻似乳,鲜美无比,实乃佐餐的一种价廉物美的菜肴。

野鸡丝　野鸡丝并非什么山珍海味,但是在南通城郊很有名气,几乎没有一个家庭主妇不知道野鸡丝的名称与制作方法。野鸡丝其实没有半点野鸡肉掺和在内,那为什么说野鸡丝呢? 相传,南通为江海汇合的地方,上古时候是一片江海滩涂,杂草丛生,固然是飞禽走兽栖息的好家园,以野鸡丝为主要原料根本不在话下,久而久之这野鸡丝就家喻户晓了。可是随着岁月的流逝,江海平原上再没有许多供炒"野鸡丝"的野鸡,但过年又不能没有这道菜,那么只好用代用品了。

另据饮食泰斗巫乃宗所考证:古名冶脊丝,其意思为猛火爆炒。相传隋炀帝在扬州建都,天下女人玩够了,山珍海味吃腻了,心想要调节舌尖上的味道,御厨司也绞尽脑汁别出心裁地想出用金橘皮丝、鸡肉丝、猪肉丝、生姜丝、甜包瓜丝和在一起炒熟,拼成酸甜咸辣口味,结果让隋炀帝吃得很开心,问:"这道什么名菜?"御厨司略一思索,即席回答:金鸡玉块。隋炀帝高兴得频频点头。之后,唐太宗李世民想要畅游通州,命令大臣尉迟恭的公子尉迟宝林在通州石港造行宫,为奖励工匠,也就地取材做成"金鸡玉块",也叫"冶脊丝"。可传到民间,老百姓没有这样的"资本",只好用自己腌制的甜酱包瓜和上生姜丝,客气人家和上猪肉丝,便成了一道"野菜"(不上档次)而叫成"野鸡丝"。

南通近百年来一直流传着的野鸡丝,就是取酱菜中的甜包瓜丝和生姜丝、精肉丝,三样掺在一起加素油、砂糖爆炒。盛在菜盆里色香味俱全,亮花花,油汪汪,加上黄红相间的艳丽色彩,举箸搛起放在嘴里一尝,甜中夹咸,还带点微麻,油而不腻,欣赏与品味融为一体。所以过去南通人过年曾用野鸡丝、鸡脚冻等招待亲朋眷友。

甜芦穄 芦穄是夏秋收获的草本植物,拿今天的标准来衡量,属正宗的绿色健康食品。芦穄春天下种,春末夏初,待长出一尺来高碧油油秧苗时,便开始移栽,一般不施尿粪和化肥。老农讲,施上这些肥料,芦穄就不会甜,甚至变味,最好施豆饼等有机肥,且不喷洒农药。这样在芦穄肉里没半点农药残留。芦穄在淫雨绵绵的夏天恰长得飞快,远远望去像一位位戴着"军帽"的卫士,披着翠绿的衣衫,苗壮而威严,不时在微风中摇曳着身躯。一般不占农田,种在田埂边,河湖岸边直到收获季节,剁成一段段捆好,送到住在城里的亲友家,让他们尝尝乡下特有的绿色土产。如果来了城里的亲友,主人马上会从地里砍上几根节段长、穗粒精黑的芦穄用以招待客人,坐在河边树荫下边吹河风,边嚼边聊,让甜津津的味儿，溢满着友情。从太阳底下走过来的客人，淌满一身的汗珠，嚼上几口甜芦穄，汗水马上被绿茵茵的芦穄汁水"浇"得无影无踪。

农家将芦穄的长穗秆聚集起来，用以编笤帚，短穗扎把儿，挑上街去换几个零用钱。孩子们心灵手巧，用芦穄茎片编织一尺见方的"坐垫"，屁股坐在上面感到一阵阵清凉舒服。还会编织蝈蝈、蟋蟀、纺织娘等秋虫笼子，弄上几对能鸣唱的秋虫，喂些番瓜、扁豆花，一边听秋虫"奏乐"，一边欣赏自己精湛的手艺，有时还和同伴比试比试高低，从中撷取乐趣。

嫩麦冷饤 冷饤（音"蒸"）为麦子早已灌满浆还未成熟时的嫩麦，如果老黄了，冷饤就失去了应有的清香。常言道：稻熟一时，麦熟一响；蚕老麦熟一复时（24小时称一复时）。仅仅一昼夜时间，麦子就会老熟。所以扯冷饤则要选准最佳时机，过嫩的麦子磨冷饤缺乏"咬嚼"滋味，要选麦粒绿莹莹又饱满的。麦穗扯下之后，揉去麦芒，再搓掉沾在麦粒上的"衣皮"，经微风飘扬之后温火焙炒到"半生半熟"，然后拉起石磨慢慢旋转，麦粒就从磨齿缝中"吐"出缕缕青丝，正如《崇川竹枝词》中所唱那样："冷饤搓成金缕丝，新蚕豆子恰相宜。"诗人解释曰：元麦俗呼稷麦，二月熟糯，赶青挦取，微砂硙为寸缕，谓之冷饤。

嫩麦冷饤既可加砂糖、滴几滴香油捏成冷饤团儿，趁着微热、黏糯可口食用，也可和煮烂的糯米放一起，用手使劲一捋，放锅里烘成冷饤烧饼，那更是南通人独有的别有风味的一种民间小吃。

南通跳面 南通跳面，又叫"切面"或"小刀面"，由于加工讲究，外观粗细均匀，条长精韧，入汤久沸不糊。食时韧而不硬，软而不烂，耐嚼有味，特别可口。倘若加酱油、猪油、味精、蒜末炒拌，味道更佳。南通跳面作为面食上品，载誉已久。

"切面"何曰"跳"？传说与抗倭英雄曹顶有关。远在明朝嘉靖年间，曹顶于城山路畔开设一爿面食店。当时，狼山香火鼎盛，四方香客云集，因此，面店生意极为兴隆。曹顶起早带晚，全凭双手擀面。但尽管忙得筋疲力尽，仍然供不应求。曹顶边擀面边思忖，终于想出一个妙法：在特制的矮桌几上，系上一根牢固的麻绳扣，擀面杖套在绳扣里。这样，举手轻轻揉面，随着麻绳晃动的惯力，身子随之边揉边跳，擀面速度大大加快。擀出的面条也极为精韧，条条不断，吃起来别有风味。一天，一位顾客吃得高兴，问："此面叫甚名称？"曹顶灵机一动，含笑而答："跳面。"

嗣后，曹顶抗倭而英勇捐躯。"南通跳面"也随其名载入青史，一直流传至今。

南通酒俗　我国几千年农耕文化历史长河中，以粮酿酒的物质文化和非物质文化丰富多彩。酒有说始于夏商，有说创于唐尧，也有说三皇五帝就有了。《战国策》载：帝女仪狄，造酒进之大禹。算起来造酒已有四千多年的历史，那"杜康造酒醉刘伶"就晚多了。江海平原年复一年形成了与老百姓休戚相关的酒文化。

南通一向有"无酒不成宴席"的古朴民风。新年开始就有亲友相聚的拜年酒，然后是二月二娘家邀请的女儿酒，清明祭祖的上坟酒，移秧插莳的栽秧酒，端午祛秽的雄黄酒，合家团聚的中秋酒，登高赏菊的重阳酒，大冬小年的冬至酒，长幼守岁的除夕酒；还有儿女结亲的喜酒，起房造宅的开工酒，房屋乔迁之喜的上园酒，老年逢十的寿星酒，赶考出国的求学酒等。难怪民间留存有"十有八九会酿酒，就是你酿的酒不如我"一说。酒和粮油、竹木贸易一样，与人们生活密切相关，亦不可缺少。

张謇于光绪二十年（1894）创办了颐生酿造公司，光绪三十一年（1905）移址海门常乐镇，其产品1906年参加意大利万国博览会荣获金奖。这对唐家闸原先规模甚小的老糟坊的发展起着促进作用。唐家闸在20世纪酿酒行业的兴起与繁荣，更证实了唐家闸镇从农耕文化中走来，唐家闸酿酒生产方式、工艺流程更具有江海平原酒文化要素，有"十三家半"的称誉。酒品不仅供应整个因办多家厂而增加人口的唐家闸，还能供应南通市区，达到日供应量烧酒600千克的水平。

《南通文史资料选辑》介绍：在清宣统年间有西福源、陈森源、汤顺昌、刘万源、吴干记等30多家酿酒企业，其中有几家就在唐家闸，职工有100余人。当时酒的捐税甚轻，至民国四年（1915）实行烟酒公卖费，征收值达25%，另外，在公卖（开始出售）前，又要追加牌照税，并分成甲、乙、丙、丁四种，甲等每季纳税8元，乙等每季纳税4元，丙等每季纳税2元，丁等每季纳税1元。由于税重，再加上酒原料成本加高，无捐无税洋酒大量输入，迫使酿酒缸数减少。

据南通油酒厂老厂长胡锡林回忆：唐家闸酒业最大的糟坊要数任姓俗名枸瘪子（形似小橘）开设的万丰顺，在今河东北路，从棉机路朝北，糟坊门面不太大，加上任老板衣着简朴，连下河过来卖粮米的老板也有点小看其人，出言不慎说出一句：贵糟坊能买得起多少粮货？任老板笑答：你大胆地放一条轮队米船来吧。卖米老板雇了七八条船的轮队，任老板一下子全收购下去，现货现钞，弄得卖米老板不得不对其刮目相看，连连向任老板道歉，为此万丰顺的名声越传越广。

老教师许谦说：在杨家湾开设的杨正顺糟坊，店主杨正顺为他姑祖父，杨许贞是姑祖母，夫妻俩很会经营，待杨正顺过世之后，由杨许贞掌管，称杨寡妇酒店或杨寡妇糟坊，其规模在唐家闸是数一数二的。因杨家湾靠河边，形成"丁"字形的小街，路北十多间店房（今公交车站）开酒店，路南(即今商业大厦处)开糟坊,酿酒师傅和职工达10人之多,不仅酿生醅黄酒,还将黄酒榨出的下脚制曲"吊"米烧,在制曲时还慢悠悠地唱起造曲号子:新砌瓦房三间亮堂堂,里头共有三八二十四个造曲的郎,造的好曲名声远,做的好酒存百缸。好酒不用高叉望,一年四季卖独行;隔壁三家醉难醒,开缸十里香千家。造曲号子激越顿挫,悠扬动听。酒店里的顾客多为大生纱厂、油脂厂、资生铁冶厂的职工。酒店不备酒菜,均由小贩借酒店占地销售。下酒菜有炒花生、五香猪头肉、兰花豆、白蒲茶干,若逢工厂发薪之日,下酒的炒花生壳子收撸起来多达两筐箩。

陆文德回忆:唐家闸糟坊能上规模的要数张杰记。该糟坊设在大洋桥东塊下,糟坊面向通扬运河,进料出酒水陆交通便捷。民国年间已采用机械加工制酒,生意红火,积利甚丰。张老板的儿子张淮,新中国成立后成为首届团中央委员。

鼎生和糟坊开在今棉机路北侧,亦近河边,为陈姓所开办。在北梢(今通棉五厂旁)也有一家义丰酒厂(糟坊),创办人为穆义丰,究竟是城里义丰酒厂的分糟,还是先在唐家闸创办了义丰糟坊之后,再扩到城里去,有待考证。

南通先民酿酒的原料一向非常考究,从来不栽种口味差、糯性欠缺的籼稻,而种植籽粒饱满、开锅溢香的饭稻,并且培植可供酿酒的优质糯稻。直至新中国成立初期,乡间还普遍种植色彩鲜艳的"胭脂糯"、"金钗糯",饭熟飘香的"紫金糯""桂花糯"和颗料茁壮的"牛蛙糯",均为酿制佳酒提供了高品质的原料。

酿酒所用的工具并不复杂,开挖一座"拔火"地灶,所谓拔火灶,就是墙外所砌的烟囱比较(拔)高。灶膛下开一通风巷,烧火时的柴火放置在灶膛间,燃灼的火力很强,不需用鼓风机提供吹风的助力。另置蒸糯米、高粱的木桶以及锡制的酒海（酿黄酒用）、酒坛子、大缸、榨盆、吊桶、漏斗等。

黄酒的制作工艺，先取优质糯米，下缸浸约6小时，冬天时间长一点，然后上木蒸蒸熟，不能蒸烂，待冷却至25度左右，也有用清水浇灌已蒸熟的糯米，用以加快冷却的。再按比例加入酒药拌和，置大缸中，中间抠一个碗口粗酒浆潭，盖上稻草扎制的缸盖，留待发酵。等到闻到酒香，证明酒已开始发酵，约一周后（冬天顺延几日）投入清水，让其继续自然发酵，等氽起的酒糟开始沉淀，就可过滤出酒，也有用土办法连糟带酒藏于50~60目纱布细口袋任其自滴的。

米烧是由糯米糟经过糖化后直接吊出的烧酒（即白酒）。而芦穄烧就不同了，取颗粒饱满高粱籽儿，经轧碎之后，掺水调和，再拌上砻糠（稻壳），添加预先经过特制的酒曲，置窗户紧闭的发酵房里，目的是"恒温"，任其发酵，约一周后，就下锅蒸熟，之后按质按量慢慢地"吊酒"，分头曲、二曲、三曲到尾曲，尾曲即常说的梢子酒（质量低劣）。

唐家闸老糟坊比较上规模的还有在北川桥下的由姚姓开办的永隆糟坊，以及陈生元糟坊、恒益民糟坊、禾丰糟坊和顾家糟坊。原闸南粮店旁有一爿褚家糟坊，猪行桥有司家开办以酿烧酒为主的"半同司"糟坊等。这些糟坊除用糯米之外还用大麦、小麦、高粱、芦穄、葡萄、桑果等做原料，可酿出蜜酒、麦烧、高粱烧、芦穄烧、葡萄酒、枣儿红、桑果酒等。

按推算，综合老书史料，唐家闸酒业早先在原圩塘内农家酿酒的基础上，开始进入唐家闸镇，时间应在清末民初。到20世纪50年代初酿酒原料实行了计划供应，私营的酒业糟坊实行了公私合营，并成立了南通油酒厂。南通城里的穆义丰、西福源等11家糟坊于1956年改建并改名为义丰酒厂，1961年天成油酒厂的酿酒车间亦并入义丰酒厂，1962年又与唐家闸的南通油酒厂合并。从此糟坊成了历史尘封的缩影。

居住独特 南通民居建筑虽没有宏伟的奇观,却不乏独特的个性。一般一家一户建一座园基,以后在此衍生养息。房子一般比较简陋,以茅庐草舍而雅称的"朴屋",还有沿江一带的茅草棚子,叫什么"滚地龙""一把抓""一间两落舍",还有一句流传至今的民谣曰"一进三堂,锅箱靠床(锅箱指用芦苇作衬,烂泥制成的土灶)。头一抬靠屋背,屁股一撅到后壁"。足见其房屋的矮小与不宽敞,这是以前农村民居的真实写照。现今社会进步,经济繁荣,已见不到这类"朴屋"了。

社会交易习俗

农业的丰歉,直接关系到老百姓的生计。

副业 南通无牧业,而副业历史悠久。饲养猪羊,饲养家禽,放养鱼苗,一直是副业的传统格局。所不同的是控制禽畜生病,卫生部门定期到村组的饲养户消毒打针,不使禽畜疾病特发事件发生与继续蔓延。

养猪,重在选择猪圈的位置,既要朝阳,夏天又能吹到凉风,并且让猪粪直接排泄流向厕所。主人请工匠来砌猪圈时,一般不邀请工匠到厨房就餐,而是上菜肴与工匠席地而坐,对酌开怀畅饮,夹菜也不推让客套,"吃相"越粗鲁越好,凡端来的菜肴,一定要一扫而光,不可留存。按这样的俗规,据说日后猪才"抢食",也不会常常在食槽里留下剩食。如果匠人高兴躺下睡上一觉,主人更是求之不得,示意将来猪吃饱就睡,方才"长膘"。在仔猪购回时,不宜让小孩们在一旁说"搭煞话",仔猪虽小,不能说个"小"字,而要说:好大一头大猪,目的是图个吉利。

时下个体养猪逐年减少,具有一定规模的猪场应时而生,砌建房宅化的猪圈,当然不拘泥什么旧俗,全是钢筋水泥,只要注意通风就行。

渔业 渔业生产由联合捕鱼改为承包捕捞,也有个体备船参与网捕的。捕鱼的习俗仍未改变,沿袭旧俗。

　　渔船出海捕鱼首先选准"鱼汛",而鱼汛又得按照海洋潮汐的规律,分为"大汛"和"小汛"。一汛周期为15天,每逢汛期,渔船则选在大汛头出海,大汛尾进港销售鱼货,加以休整。如渔产丰收,还放鞭炮庆贺。

　　每逢出海前,需在甲板中间主桅前,摆好猪头、整鸡、整鱼、糕点、香火与酒等供品。由船老大（船主）烧香敬神,磕头礼拜,随后全船（或全家）人员分别磕头。纸马供奉的是龙王、财神、太公。待磕头完毕,由船老大一手端着酒杯,一手抓一把茶叶与米,从船头到船艄,在各个主要舱位滴上几滴酒,并撒上茶叶、米,以示驱邪和祝愿万事大吉,然后将纸马烧掉,"送它升天"。在抛撒茶叶、米时,嘴里还高喊着:"一路顺风！满载而归噢！"全员或全家站在各自的岗位上同声高呼:"一路顺风！满载而归！"祭神活动方算结束。

　　出海第一餐选好"鱼汛"的位置,停下之后,船就不再移动。表示希望一到渔场后,一锚抛下去船舱就装个满载而归,不再寻找新的渔场。如果移动了吃饭位置,就意味着此次出海不利,以后就要不停地寻找新的捕鱼场地。

　　渔船上吃鱼也有规矩,一条鱼上桌可以全部吃掉,但不可将鱼翻过来吃,渔船上最忌讳的就是一个"翻"字。在日常说话时也禁忌说翻字,而改说"调"字,如"调过身来"。

　　平时在船上小便也有规矩,船头、右舷（橹前）不能小便,只有在船的左舷（橹层）,一边用两根打通的竹筒扣带在适当的位置上才可以小便。在渔船上作业时,无论是否被杂物打到,如有人问"打到没有",得回答:"打到,打到。"这样船老大或船主听到才开心,表示打到了鱼。

　　每逢农历过年,渔船和陆地上人家一样,也披红挂绿贴对联,有的还在主桅杆上吊一盏灯,谓之"天灯",据传其始唐于周,武则天下令追捕逃往狼山的骆宾王,要求各家船桅上挂天灯,武则天自封为天后。同时船舱的挡风门上也要贴上对联,其联与陆地不同,都与渔业有关,诸如:船头无浪多进宝,舱后生风广招财;九曲三湾随舵转,五湖四海任舟行;海湖河港清波浪,通达逍遥远近游。末一联的上联均为三点水,下联为走之底(原游字也是,今才改成简化字的三点水),足见其对仗工整,又饱含渔意。

商贸交易 旧时,无论是布店、粮行、药店,还是木行、竹厂(竹行)、珠宝店、饭店、酒店,只要能开门营业,就重在货真价实、童叟无欺,不克扣斤两,不短尺码,虔诚待客,假一罚十。在不同的店面,价格总标注在醒目的位置,让顾客一目了然。尤其是逢年过节,贴出海报,誓词琳琅满目:天道酬勤,商道酬信;诚招千里客,德进四方财;信实千金托,公平万里投;生涯师子贡,贸易法陶朱;生意初春草,财源雨后泉。平时,货物常常打折,减价出售。

每年正月初五开门的第一天,店主为招徕顾客,在燃放鞭炮之后,早已安排好伙计,缓缓推开店门,笑迎一至五名或一至十名顾客,凡挑选的货物均打折出售,"正月初五开店门,顾客就是活财神",成了店主该年生意清淡还是红火的预兆。

同时,店主在初五烧过财神利市之后,还力争注意"好吉兆"。比如,布店在除夕前进行一次大盘货,将大红、元色、宝蓝、缙绛、藏青五种颜色的布匹抽出,明码贴上价目标牌,放置在橱柜的醒目处,让第一位顾客进门时账房提高嗓门故意喊念着:"大元宝(缙)庄(藏)。"既讨口彩,又侧面向顾客介绍了布店内的特色品牌布匹。

粮行在初五开门时,量米的斗贴上"日进斗金",或"大吉大利",该斗也贮得满满一斗江南上等白米,顾客购买一斗,当场用升罗再量三升,以作馈赠。木行初五开市,对木头不称木头,因木头谐音"没头",而叫大二童(按木材长度)或丈八童等。药店初五不忙着开门,一般总半掩半开,因新年里,除非急病需配药,才会走进药店,而药店摆显门面的日子是药王生日那天。

新中国成立后,大大小小的商店均进行公私合营,民风民俗就自然地消失。尤其改革开放之后,所沿传的风俗,仅为正月初五全市城郊燃放鞭炮,供些财神菩萨,已不再烧财神利市,也是对旧民俗的一种改革吧!

五匠风俗

铁匠 铁匠为行业中最辛苦的职业,民间有谚:若论苦,行船、打铁、磨豆腐。但铁匠很自豪,自誉是李老君嫡传弟子,列五匠之首。铁匠能生产经营的就是铁匠铺,四五平方米的面积,置一物多用的铁匠墩子,一把榔头,一把火钳,小件一人操作,大件得有个帮手,哪处有铁匠铺,哪里每天就会传出"叮咚""叮咚"打铁的声音。

铁匠行规很特别,从一副楹联就可看出:老君传裔;老君光照。铁匠自认为是在李老君的翅羽下而生存,依赖着老君的行业光辉,每逢铁匠参与亲友宴席,尽管穿着并不华丽,懂规矩的老人,尤其是各行各业的手艺人,总要举铁匠坐首席。

相传铁匠的祖师爷李老君,打铁是举双拳在膝盖上锤成产品,不幸让一位懒惰徒弟"破了法",膝盖被烫伤,李老君怒斥:你烫我一层皮,我打你千层皮。"举锤打铁,沫脱千层"就是这道理。铁匠行话称铁匠墩子叫"腿关",铁锤称"双臂",火钳称"虎口",膝盖上的挡火布称"火裙"。

木匠 木匠相传是鲁班嫡系弟子,鲁班是个手艺精湛的能工巧匠,有不少匠俗艺规。南通有很多特有的匠俗,尤其在行话叫法上,自古以来有很多忌讳。如斧头叫"代富";大绳叫"毛千金";芦摺叫"苍龙";元钉叫"顿目子"(谐音蚱蜢）；榔头叫"闹更"；木结疤叫"顺遂"；凿子叫"锲子"；梯子叫"步步高"；锯子叫"吐金龙"。主人忌说锯子，因锯子表示子孙被锯掉而子孙稀少，甚至断子绝孙。

每逢起房造宅、嫁妆家具的开工，主家总要推匠人坐上主宾席，唯独在开工宴上的"碗头鱼"，师傅早已关照好徒弟或客师，是不可举箸食用的，非待留着存仓，称"吉祥有余（鱼）"，一是表示对主家"大功告成"的祝贺，二是为工匠能在收工时可获得额外一份酬劳。如果木匠不会说口话，要请一位会说口话的师傅来代替，实在均不凑巧，主人也知道匠人的心理，不经意地包一份"红包"，在收工时置于应席的桌子角上，还奉上一两句客套话。

木匠，尤其是老木匠，下工爱将斧头随身带走，即便是工程尚未结束，也不例外。据传是师祖鲁班过草荡举斧斩蛇，之后鲁班告诫弟子，下工要将斧头携带身边，以防偶有不测。久而久之，木匠下工，背斧走路，一直成为木匠的匠俗。

除上之外，与木匠一脉相传的雕花匠、圆桶匠（也叫圆木匠）、芦木匠等，其俗均仿效木匠。

泥水匠　泥水匠又叫"水作""瓦匠""砖瓦匠""拎烂泥桶匠"等。主要以建屋砌墙、支灶盘池等活计为主，其匠俗也较多。砌房造宅时，要在梁柱的基石放置一枚"荷花铜钱"，作镇宅之用。同时还要用红纸包"麦芒"压在基石下，寓意主家日后子孙满堂。麦芒又称（稳子），寓意将来儿女们均稳稳重重。

支灶时，瓦匠要提醒主人家，不要选在午日，午即午马，谐音蚂蚁，支灶切忌灶上流窜蚂蚁、蟑螂等。支灶工匠取工钱为"双工"，故聘请的工匠手艺要特别精湛，既要烟囱出烟畅通，灶下生火，又得受热快，这样方可节省柴草，叫作"不能天天贵，宁愿一日贵"。

盘池为建造厕所的总称，有文化的老人称厕所叫"圊涵"。盘池实质就是砌粪池。过去砌粪池不像当今那样方便，用上黄沙、水泥就行。以前只能靠青砖相互间轧紧，凭借石灰粘合缝口，以防渗漏，因此在砌粪池时不能说个"漏"字，要改成说"走水"。工匠砌砖也得有精湛手艺，不能在嵌石灰缝时，一连几次，这表示大便一下子排泄不尽。粪池砌好，架"坐柜"不可反复，也要一次到位，安装完毕，除得双倍工钱外，还可获得"红包"。

剃头匠 剃头匠现称"理发师"，俗称"剪头匠"。旧时剃头匠身价有逊于铁匠、木匠、瓦匠，有"同宴不同席"之分。剃头匠的祖师爷相传是吕洞宾，旧时理发店供奉吕仙纸马，大理发店才摆入吕仙塑像，以示尊敬，且还爱悬"进门来虬髯豪杰，出店去白面书生"的对联。

婴儿首次剃头，是主家请匠人到家里来，谓之"落胎头"，须把剃下的"婴发"揉成绒绒样的小"发球"，当成传家宝似的收藏起来。当然薪俸也优厚，并包"喜封"。落胎头时剃刀不能对婴儿头顶有任何损伤。

剃头匠为死人剃"大寿"头，有个不成文的规矩，剃刀须磨得锋利无比，"沙沙沙"地一气呵成，不作兴剃第二遍，工钱从优，连死者的儿孙们也在同一天剃头，孝子的头发当着"绾钉"用，特别珍贵。

逢大年初一、初二、初三的三天里，凡去理发店剃头，得加倍付剃头工钱，这多年的匠规，直到新中国成立后才慢慢被废除。

裁衣匠 裁衣匠现称"裁缝"，俗称"缝纫工"，从前简称"裁衣"。相传裁缝的祖师为黄帝的妻子嫘祖。嫘祖教民从穿戴树叶、草茎中解脱出来，学用缝纳兽皮作衣，迄今老裁缝还供奉嫘祖纸马，以表示不忘始祖。手艺好的老裁缝店要贴上"燕剪精裁陌上锦，秧针细绣雨中花"的对联。

裁缝做嫁妆，不得把缝针折断，倘若小徒弟偶尔不慎将针折断的话，师傅则在衣衫某处用针挑一个"结"，谓之"逢凶化吉"，"结"谐音"吉"。

做妆新衣（嫁衣）裁缝怕万一下剪时失手剪错衣料，在购料前总要叮嘱主家多买一点，但不说多字，而叫购料"富顺"一点，裁缝在替新娘做妆新衣外夹袄盘结的纽扣时，故意让紧密度松动一点，以免新郎按婚俗解下新娘三颗纽扣时，过度紧张而解不下来。

轮到做妆新蚊帐时，裁缝在动剪前就满饮了茶，整个过程中不说话，也不喝水。据传说了话或喝了水，日后蚊帐不"忌"蚊虫，而容易钻进蚊虫。裁缝所用工具熨斗叫火炉，剪刀叫金叉，衣尺叫量步，粉线袋叫粉兜。

民间协约 旧时民间草签的协约，在尚未健全公证制度的时代，由公亲族长，或有一定威望的耆耋钟老见证，具有一定的经济约束力，双方都得遵照执行。

分书纸 类似分居协定，邀请翰墨老者撰写，取红纸用毛笔书写，为能碰一碰运气，交给受分家父子、兄弟诸人，跪在神柜前祷祈拈阄，辞令颇注重吉兆。父子分家取"龙鱼"二字，比喻"龙携鱼游"；兄弟间取"天地"二字，谓之气宇轩昂的"开天辟地"；姊妹分家取"鸾凤和鸣"，比喻鸾鸣凤啼；兄弟三人则用"福禄寿"喻比"三星共照"；兄弟四个就用"东西南北"，象征四海奔腾，日后各厮职守、家业兴旺；兄弟五人则用"金木水火土"，比喻五宝争辉，光宗耀祖；兄弟六人用"稻粮粟，麦忝薯"六字，比喻田禾茂盛，粮谷丰登；七兄弟取"赤橙黄绿青蓝紫"，比喻七彩纷呈，熠熠生辉；兄弟八人则用"吕仙、张仙、蓝仙、韩仙、铁仙、曹仙、汉仙、何仙"，谓之"八仙过海，各显神通"。也有以八卦上的"乾、兑、离、震、巽、坎、艮、坤"，以示"摆下八卦，各造乾坤"的。

分书纸的内容，将家中所有土地、家产、负债等一笔笔撰录在案,并且还介入一些共性的术语,诸如:自分之后,各自炊爨,门差户役,各自管理,倘有荣枯得失,各按天命,今欲有凭,立此分书,尽样之纸,各执一张,兴盛为证。

父子、兄弟分居并非有欠和睦,而是由整体家庭逐渐向夫妻性家庭过渡。相对而说,老人也不为赡养费用犯愁,分居而栖,已成为一种必然趋势。而今老人有退休金保障,兄弟姊妹之间赡养老人的负担不大,"分书纸"也就失去了它原先的效用。

立借据 旧时,贫富差异较大,手头拮据者向有钱的殷富人家借贷,怕万一引起借款纠纷,就得请一位有偿还能力且又德高望重者"担保",这样一防债户赖账,二则确保债主不以时间久远随意提高借款额及利息。故此以借据来让双方认可,均能放心。

借据落款,不仅债主、债户均要签字画押,尤其中保人更为重要,往往碰上赖债者,中保人就得负责催款,到双方都满意为止。

租田田契 拥有土地主权的执照曰"田契",种租田则为"租佃田契"。租佃之间的关系,有小生产者朝粮户先缴上一定租额的预租田;有协约三五年、七八年存上金额的顿租田;有每种植一年,就将其预租款按比例扣除的预租田;有几家粮户一齐合股的合租田;有祖祖辈辈都在这块土地上耕种的"常租田";有耕家自己拥有少量土地、又租种一部分的"带种田";有种植耕地底面主权比值不同的底面田,有易物抵押的"回赎田";有租金昂贵、佃农又急要栽种的"行租田";有尚未成陆、江边滩涂的荡租田;等等。名目繁多,各式租佃关系不同,租金也不同。

租佃田契实质就是粮户与佃户的协约,凡代写此类契约者,尚能得到租款比额中的小部分的笔资。财主按租佃契约,所收租款非常苛刻,若佃户不按时缴纳,粮户就将土地抽回不让佃户耕种，谓之"消田"，佃户则眼巴巴种不成租田而忍受无粮养家糊口的苦难。土改后，租佃关系取消。

赁房字 旧时要想长期租赁住房，居住之前，总要经过写赁房字的程序。若逢某些家庭窘困，住房又很紧张，儿女婚事又急需操办，只有向他人租赁住房作临时洞房，按民间风俗要履行写赁房字事宜。过路夫妇路过暂时借宿，也非赁房字不可。乍看似乎有点不近人情，其实古时就有类似事件的发生。某晚一对青年男女借宿，翌晨双双死于血泊之中，原是女子的丈夫所为，趁她偕野男人私奔而造成的命案。故民间对凡是一对陌生青年男女借宿，就一定要他们写下赁房字，就像今天入宿以身份证为凭据一样。

卖身契 旧时具有写作能力的墨客，一般不轻易替人家写卖身契，并非架子大，那是卖身契断送了被卖者的一生，成了人生长河中失德的斑痕。因此撰写卖身契者大多是被卖者亲属，起码是知己亲眷，写卖身契的"先生"不取笔资，大概为积德吧，中保人也多数出于无奈。

招婿书 招婿书俗称招书纸，就是倒插门的女婿入赘女方在民间使用的一种具有一定约束力的协议文本。通常在女婿入门与其女儿成婚之日，由精通"老规矩"的文墨耄耋老人执笔撰写，再请女方家的公亲族长签字画押，算是协议文本已经生效。

旧时凡只生养女儿的人家，认为女儿不好传宗接代，非得有一男孩才能继承祖业，因此物色一个男孩为继承人。大致有这几种方法：一为收养男主人的侄儿作为嗣子；二由女主人收养娘家侄儿充当儿子，不过入门要随男主人易姓；三是私下约定某"知己"将刚生养的男孩偷偷送到要收养人家门口，这样收下也可充当儿子。除此之外，在户族间认可的情况下到育婴堂里抱养一个男孩，亦可当儿子。也有男主人抱回来私生子，或者从路边捡的"野路侯"当儿子的。

一些家庭比较殷实的富裕户，男主人在社会上又有一定的政治影响力，就公开招赘女婿入门。以上种种无论是名正言顺，还是木已成舟，总算家中后继有人。唯独招婿为子就那么麻烦，非要有一个统一的协约来约定成俗，过去又没有公证单位，只有用招婿书来完成这项工作。撰写招婿书，还有一个重要原因，怕左邻右舍在"招女婿、看把戏"声中挑唆是非，甚至也想入赘者更是采用不择手段制造事端，因此书写好招婿书就成了让人不好再说闲话的"半子"。

　　主家在聘请招婿书时，由内行的老儒摊开早已准备好的红纸，从右至左竖行用毛笔恭恭整整地书写，绝不出现龙凤飞舞的字句，撰写完毕，从右至左分列，至亲好友的名单，不等，然后请招婿书中的"公证人"分别签字画押，大凡不识字的长辈也只好提起毛笔一横一竖画上个十字，当然也有名流豪绅们盖上大印或画一个代表自己符号的图案。

　　下面举一份近百年前闸西老儒孟泰替王家招赘女婿所撰写的招书纸：

　　　　立招赘文券婿徐顺，今已行年二十一岁，十一月十一日辰时诞生，请凭媒证，说合谨启，聘金三十二元整，钏、镯、簪、花衣妆等物，拣选吉日良辰，招赘门下为婿，伉俪成婚，同偕百世之久，妇唱夫随，人伦之大，纲宜实宜，家本男女之伦和遂吉良缘，永结壬秋之好，寿比南山，琴瑟和鸣，螽斯蛰蛰，瓜瓞绵绵，自招之后，膝下承欢，光壮门庭，望祈岳父母，大启维发，几经算命，不得自专，倘有违令，甘愿受责，恐后无凭，立此招赘文券，和（紫）气东来。

　　　　民国九年（1920）夏历正月　　日立
　　　　立券婿徐顺保
　　　　族家　徐步贵　赵彩光
　　　　执笔　孟少卿（签字）

　　从孟泰所遗留的"文券"来看，既能获知20世纪20年代的民间礼仪往来，同时在当时经亲朋见证的"凭证"还具有一定的法律效应。据王家后辈从祖上传下的史迹，徐顺凭招赘文券与王家的儿子辈一样平分到王家的田地家产。

　　以上这类民间契约，随着时代的变迁，早已退出历史舞台，以存其目，让后辈有所了解吧！

游艺杂耍习俗

童子戏 南通童子戏被誉为"唐朝遗留锣鼓响,锣随鼓隶乡人傩"的一朵奇葩,被列入国家级非物质文化遗产保护名录,多次出国演出,轰动东北亚。

其实童子戏与童子、童子书是连在一起的,其出点还在童子上。童子又分为北派、南派和东路童子,北派包括如皋西北乡的九华、车马湖、薛窑,海安周边地区,有时亦称"香伙",且辐射至东台西南姜堰东部;南派为港闸、崇川农村;东路有平潮、石港、骑岸、刘桥、西亭、四安等。其"起根发苗"还在古通州,童子戏的官名为"通剧"。

旧时多以儿童当童巫。童子本指伥子,即童巫,后世成人为之,亦称童子。相传唐贞观年间,古通州母子二人卖艺皇家街头,母亲"八幅罗裙腰中系,丈二宽红抹胸门",童子则"头戴五彩纸顶帽,手中铜锣轻轻敲"。母子相互配搭一唱一敲,取个热闹,讨几个观众馈赠的小钱,苦度光阴。这时正好唐太宗最宠爱的文成公主生了一场怪病,御医投医,均不见效,无奈之下,午朝门外,发榜招贤。通州童子有即席编词的口才,将在街上听到唐王深得民心、爱民如子的丰功伟绩,进宫唱得非常起劲:"金銮殿上把香焚,表起唐朝一个人,唐朝天子登龙位,四海升平献宝珍。"唐太宗固然听得龙颜大悦，公主也听得喜笑颜开，心中的一股郁结顷刻抛入九霄云中，病情很快痊愈。皇帝高兴，留童子在京做官，并封为"洪山堂"的开山老祖，故每逢童子上演开场，总要这样领唱："恒巫列国传留长，唐朝敕封洪山堂。"

童子上演童子戏其蓝本就是童子书，童子书中最出名的要数"十三部半巫书"，亦称"神书""唐书"，俗称童子书。这是社会文人所创作的版本，多以历史掌故、名人轶事、民间传说编成以南通方言押韵的七字调，及供抒情的十字言，很少有夹白。内容多为制恶扬善，颂忠骂奸，崇孝祛孽，褒勤贬懒，能寓教于乐，使人们在观看或听唱中受到教益。版本除手抄本外，还有刻本，为民国初年"上海槐荫山房"所刻。上海出版工具书载："民国三年上海英租界甘肃路槐荫山房荣记书店，非出版单位，系王番堂号，王可能为南通籍人。"童子书的主要作者应是南通人，童子书不仅是童子戏的蓝本，也是诸多戏剧的蓝本。

童子戏的戏目子不下百种，诸如《荷包记》《女驸马》《孟姜女》《梁山伯与祝英台》《陈英卖女》《珍珠塔》等。

童子戏能吸引广大观众，因其腔调有时高亢粗犷，有时又委婉流畅；有时欢快闹猛，有时则悲切凄凉。淳朴的方言和通俗易懂的唱词，加上家喻户晓的戏文剧情内容，几乎成了中老年人的欣赏艺术，简直是百看不厌，只要听到哪里演出童子戏，即便路途稍远，也愿乘车前去。部分退休工人还亲自安排童子艺人饮食起居，童子戏的魅力真正难以形容。这些老人看到童子戏中的"忤逆儿女"受到"惩罚"，心丑贪婪者挨上"报应"，心情上似乎得到慰藉。若戏文中唱起"哭调"，则能引起老人的同情，暗地掉下辛酸的眼泪。另外，童子戏演员服装鲜艳，舞蹈滑稽，同样引起观众捧腹。老年观众平时难得聚谈，因童子戏又一次相聚，不光是看戏，还能谈谈家长里短。无怪乎南通童子戏有这么大的魅力。

放鹞子 我国有"南鹞北鸢"两大流派的风筝在世界上久负盛名。被誉为"空中交响乐"的哨口风筝俗称鹞子。南通是南派风筝的主要产地,不安装"哨口"的称鹞子,而装有哨口的才叫风筝,无论是风筝、鹞子,施放时统称放鹞子。古人在纸鹞上以竹丝为弦,风吹有声,如筝鸣响,故才取名为风筝。

放鹞子一般选在每年阳春二三四月,正值春风吹拂。年节刚过的人们,为能从欢娱休闲中撷取乐趣,最喜欢放鹞子了。持有迷信思想的老人称放鹞子为"放晦气",故在放鹞子时要严防鹞子在断线时掉在别人家屋顶上,若掉在屋顶上其主人非要施放者"烧利市"不可,这就像鹞子"缠"上高压电线一样,以防"不测"。

鹞子传说为张良所传,张良放鹞子曾与南通有过纠葛。南通人又在鹞子上安上竹哨,风入竹哨,声似筝鸣,谓之"风筝"。故《崇川竹枝词》中有"草绿长堤海角东,双蝴蝶戏牧牛童;声声何处胡笳奏,放出林梢红杏中"。

在百草茵茵时,孩子簇拥着大人扎小型鹞子,有凌空翱翔的"老鹰"、双眼直翻的"蝴蝶儿"、乘风蹈浪的"顺风旗"、窜上滚下的"滚龙灯"、一字长蛇的"百脚(蜈蚣)鹞"和小巧玲珑的"豆腐佬儿"等。有趣的是,天上飞鸟翱翔蓝天遇上"老鹰"时竟还吓得遁逃得远远的。大人们所扎的"六角鹞""七星灵""九星灵"等大型风筝更是精彩耀目,五花八门。

放鹞子时,无论是小鹞子还是大鹞子(风筝),总得全神贯注,玩个痛快。尤其放大鹞子,首先要选好风向,估猜其风速力度,既能放上天,又使鹞子不会被狂风卷走。放飞人员选择,"头把"要年轻力壮,奔跑敏捷,一下子将鹞子放上天空;"二把"选择稳当老练者,在鹞子升入半空时,拉动鹞绳使鹞子缓缓升空,使鹞子很快获得"天风",这时鹞子在天空站稳了脚跟，不再东摇西晃；"尾把"大多为持鹞子的主人，他拉牢鹞绳，系牢"树桩"，独享放鹞子的乐趣。特别是鹞子装有哨口、啜子，发出悦耳响声，无愧人们称誉它为"空中交响乐"。放鹞子的主人还招待助手一顿简单晚餐，烀几个馒头和年糕，大家吃得开开心心，又遍身暖暖和和，消除了疲劳。

南通鹞子大者丈余，小者尺盈，一个3米余高的七星鹞装有180个大中型哨口，最大的哨口可容纳60千克粮食，放飞空中的响声节奏清朗、音调悠长、音量巨大。小型哨口，最小的仅黄豆大小，有的用银杏壳制成，有的用绸布缝制，绘有昭君出塞、木兰从军、天女散花、龙凤呈祥等图案。可以毫不夸张地说，在风筝世界中，形声兼备的紫光的哨口板鹞风筝是名副其实的艺术瑰宝，它集雕、扎、绘、制等工艺于一体，凝聚了江海平原历代风筝爱好者的聪明才智。

随着农村电网密布，放鹞子相应减少，那些放鹞子的"鹞子迷"们，还引进一种以布制作的风筒型、不需"鹞尾"的风筝，装上葫芦，响彻云霄，同样能享受放鹞子的乐趣。

拼锣鼓 民间有这样一句俗语："锣鼓响，脚膜底就痒。"其意思是说，耳闻锣鼓声，就得奔跑前去观看，可见锣鼓的魅力。如果逢上村落与村落、圩塘与圩塘之间进行拼锣鼓比赛，其韵味就更是无穷了。

拼锣鼓所选择的场地与场合，从正月十二至正月十八在土地庙前以及庙会等场合进行。在自我"加强训练"时敲出锣鼓的水平，敲出锣鼓的韵味，在两队锣鼓"对拼"时，力争将本队的拼锣鼓敲上一个新的台阶，同时偷偷地学习对方拼锣鼓的技艺。

拼锣鼓的里手们，能将手里的锣鼓敲出不同的音韵。激越时，宛如金戈铁马，两阵对峙；悲愤时如泣如诉，催人泪下；贺庆时，鼓声锣韵，配合默契；高兴时，鼓如雷鸣，催人奋进。在敲锣鼓时，还配上小镗锣、钹、小铍等小件乐器，能敲"七记头""走马锣鼓""七五三二一"等老调曲谱，又不断挖掘创新，有"蛇脱壳"，节奏加快的"中子莲""对宝塔""一枝花""五谷丰登"等，还有凸显劳动场景、表现许多典故的"滚核桃""汉板""刘海笑"，以及对自然景象的描写，歌颂女性柔美的"八哥洗澡""一条龙""鱼鲅水"等，仿佛让观众听到看到八哥嘴里衔着水珠，又扑着翅膀滑翔于水面上嬉戏而欢乐的景象。

拼锣鼓一般在迎神庙会、消灾盛会、盂兰盆会、祭祀发会，特别是都天出会、菩萨压阵时进行。在浩浩荡荡的队伍中，由"头班锣""二班锣"开道，随后"挑花篮""荡湖船""摸鼻鬼""钟馗嫁妹""靓姑腾云"等仪式中，每队总有锣鼓队陪伴，以增热闹。锣鼓队随着"菩萨轿子"缓缓行驶时，观众听到哪队锣鼓器具齐全，鼓韵曲谱变化多端，就称誉那队是"头牌鸟儿"，不用评委就能评出冠军。

拼锣鼓的队伍，往往凭着主持人的爱好和资金的投入，优胜劣汰，有的自然消失，有的则"统领三军"，敲出了名声，至今南通比较有名的除如东的"马塘锣鼓"、启东的"十番锣鼓"外，要数港闸地区的"陆家锣鼓"。一些锣鼓的传承人均被列入非物质文化遗产保护名录。

在"五一""国庆"，以及南通举办的民间艺术节上，拼锣鼓都有出色的表现，使庆祝会的气氛更加热烈，难怪说"锣鼓响，脚膜底就痒"。传承人的经验告诉我们："敲锣鼓不是重在敲上，而是敲的右脉管的扭动。"虽然有点神乎其神，也许拼锣鼓的艺术是无止境的吧。

走高跷　在南通，走高跷的绝技往往在迎神赛会上才能见到。

走高跷的艺人（或叫演员）高手，不知经过多少日日夜夜的自我操练，才能掌握其技艺。在左右脚掌上各系牢约8

厘米粗、1.5米长的圆木棍,当作"人足",在平地上"踏步如飞",自由行走,与正常人跑路没有两样。

走高跷往往组成一个剧目,什么"八仙过海""西天取经""水漫金山""杨门女将""目莲救母",按人数多少来确定,如扮八仙过海时,有手执拂尘的吕洞宾,身背药篓的铁拐李,倒骑驴的张果老,臂挎花篮的何仙姑,敲击竹板的曹国舅,对笛吹曲的韩湘子,打着玉板的蓝采和,还有沉着老练的汉钟离。每位角色除装饰外,都是以道具来显示角色的。

如果人数稍少,就出演"唐僧取经",那逗孩子乐的猪八戒的一举一动,就引起孩童们捧腹大笑。也有两三位艺人扮演文雅的"白蛇传""梁祝",以衣锦服装、神秘道具和踩高跷的技艺沿途招徕观众。

踩高跷者,沿途行走达数千米,非常乏力疲劳,不是普通人的体力可承受的。如果没有高超的技艺和毅力是不能胜任的。所以凡准备参加迎神赛会的踩高跷的艺人,将要参加前,尽力吃些耐饥的食品,不能吃诸如含水分高的薄粥,怕万一途中多"小解"而增添麻烦。

"踩高跷,踩高跷,一人演技众人笑;别看高跷艺人腿脚小,既能跑来也能跳。"时下乡间做斋事"起水"亦邀女高跷艺人,举办"丰收会",也常邀高跷艺人参加,以显艺人班子们水平高超。

打把戏 "把戏"按辞书上解释,是以魔术、杂耍结合的民间技艺,多集中于广场上演出。南通人习惯称作"打把戏"。

南通近代早期耍"把戏"的有戴庆侯,城里要数孙月魁的"戏班子"影响最大。孙月魁自幼和长兄一起秉承祖传杂技艺术,经过十余个寒暑的勤学苦练,练就了扎实的技巧和硬功后,便开始了闯荡江湖的生涯。他以卖艺为生,同时给人治跌打损伤,在卖艺生涯中结识了两位设摊卖艺艺人高月华与医药兼长的吴寒梅。

孙氏备一条大木船,平时常停泊于城西起凤桥下。那船可装载妻小和班子内的人员、小道具等。孙氏把戏班子卖艺,滚打转动如飞,引来观众的阵阵喝彩。

孙月魁的艺班中,有几出"拿手戏",其中"山上吊"是比较惊险的一出,上来绞住小女孩的辫尾,用辘轳吊起来,令观众提心吊胆,胆小的还吓得哇哇直叫,因此一些心地善良的观众们忙着向钱盘里投掷钱币。

孙月魁有一出"汽车过身"的重头戏,这个节目往往在临近演出结束时方才上演。只见孙月魁精神抖擞,气宇不凡地投入角色,用力地做了几次深呼吸之后,信心十足地躺到地上,用双臂在胸肋区做好托板姿势,接着由两位助手把一块长条木板,顺着孙月魁的身躯平铺摊开,然后沿着木板的垂直方向,平行搁置两块跳板,跳板间的距离与过身汽车轮道宽度相当。一切办妥后,惊险的表演开始了,只见搭乘十多名演员的卡车,缓缓行驶到两块跳板上,眼看就要压到孙月魁的身上,观众们屏住呼吸,瞪大双眼,亲眼看着载人汽车从演员身上碾过。汽车停在中间,还故意多停留几分钟,再慢慢从长板上驶下来。观众报以雷鸣般的掌声,一百五六十斤重的血肉之躯,竟能抵挡两吨多重的汽车的重压,而没伤一点皮毛。故此当地有一句歇后语叫作"孙月魁汽车过身——要钱不要命"。

孙氏除在南通做周期演出外,还到外地巡回演出,还有一出以魔术为主的"杀人栽瓜"。观众眼巴巴地看着老板令一小女孩缩进瓦罐里,脖子露在罐口外,老板高举一把雪亮的板斧,只听"咔嚓"一声,女孩子很快"身首分离"。

还有在街心卖狗皮膏药的江湖艺人,故意将身上打得"青红紫绿",只要用狗皮膏药一贴,伤痕顿消。也有打把戏的在观众面前举起一青砖,用手指装着钻孔的姿势很快在青砖上"钻"出一个大孔,这些都是用来哗众取宠的,让人不忘记那打把戏的感染力。

猴儿戏 新年莅临,喜气盈盈,挂灯结彩,普天同庆。猴,民间视作热闹的象征,逢年过节,或阳春三月,民间艺人"养精蓄锐"之后,总要使出"看家本事"的舞苍龙、说利市、唱道情、玩杂技、走钢丝、踩高跷、打莲湘等民间杂耍,与老百姓同乐。那耍猴子戏的艺人固然也一同加入庆乐行列。猴戏,顾名思义,就是由猴子扮演角色,登台亮相,呼为"猴儿把戏"。那些齐鲁、皖鄂等地过来的艺人,有牵一两只,也有率三四只猴,或几个艺人一齐将山猴装扮一新,戴上缝制的花花绿绿的帽子,颈项间扣几串铜铃,身上也披挂服饰。艺人手提铜锣做道具,也许艺人对猴子训练有素,只要锣声一响,猴子马上便进入角色,且会随着锣声相隔的长短、高低以及艺人的手示,表演起翻跟头、划虎跳、爬竹竿、钻火圈、扳腿扭腰等机灵可爱、诙谐有趣的动作。相传,猴戏源于"五禽戏"。东汉末年沛国谯(今安徽亳县)人华佗,史上称他"年且百岁面貌有壮容",因生不逢时,正值三国鼎立,战乱纷飞,老百姓置身于水深火热之中。华佗经常上山采药,替庶民治病,在山间交上不少猎户朋友,还常常看到猴子跳呀蹦呀的姿势,观察到那虎、狮、鹿、雕(鸟)等禽兽身体如此壮实,总结出深奥的医学道理:兽禽不生病,或少患病,就在于奔跑与活动。这样便创造了"五禽戏",写下了《五禽戏法》。华佗还把"五禽戏"运用于治病。一回某富家子弟患了消化不良、气血凝滞的病症,华佗要他买一只山猴饲养,教病孩学着猴子的动作做操,半年之后,孩子不仅病愈了,也学会了猴子把戏。耍猴艺人一般不选择宽旷场地,而是在街头巷尾、旮旯角落进行,也有挨家挨户登门表演的。有时圩塘钟老喜欢热闹,请来两个耍猴戏的,牵来一大一小两只山猴，一头壮胖山羊和一只黄毛牙（公）狗。选在小镇旁的打谷场边演出。小猴子紧身装束，手执"金箍棒"，骑在装饰一新的山羊"战马"的肩脊上，威武地绕场一周，大山猴牵一只扮演黄狮怪的黄狗，在前面奔跑，小山猴骑着山羊在后面举"金箍棒"猛追，加上艺人敲起的铜锣声、吆喝声鼓动助战，顿时"战场"杀声震野，乱成一片。艺人突然吹起口哨，山羊屹立不动，大山猴朝围得水泄不通的观众龇牙咧嘴，似乎在说，孙悟空也不过如此，然而小山猴又"催马"大战，观众虽未见刀光剑影、旌旗猎猎、硝烟迷漫，却仿佛听到战鼓频播、呐喊阵阵。观众敞开的心扉正瞬间蒙上一缕恐惧，霎时艺人又让黄毛狗戴上"牛魔王"假面具，达到猴戏的高潮。这时，艺人抓住时机向观众讨赏钱。西晋著名诗人傅玄的《猿猴赋》中，以生动的笔调描绘猴子表演节目的情景："扬眉蹙额，若愁若嚬，或长眠而抱勒，或颞咋而龃断，或频仰而踟蹰，或悲啸而吟呻……"

唱道情 道情曾是旧时南通城老街上诙谐有趣的一道风景。明末清初南通就有"听山樵游仙一阕"的文字记载。相传，道情开初取道教故事为题材，以唐代道曲《九真》《承天》为蓝本。明清以后，题材范围有所扩充，逐渐形成一个曲艺流派。民间艺人又大胆创新，吸取精华，剔弃糟粕，自编自演、口耳相传、走南闯北地演唱，并以此谋生。

道情艺人有的来自苏北里下河、兴化、高邮一带，有的则为南通当地人。艺人出场演出，左臂怀抱由空心竹筒做成的一端用蛇皮绷紧的鱼鼓，右手轻轻地抚鼓"咚咚"；左手持长竹片剖开的简板道具，借双指拨动，发出有节奏的音韵。道情艺人自誉是李老君真传弟子，每逢新春佳节，店门刚开，或阳春三月聚众场所，以及言誉正宗李老君门人的铁匠铺、理发店、车匠坊、翻砂间等均有艺人去卖唱。道情艺人登门首句就唱起：跨进山门敬一躬，手抚渔鼓响咚咚；先拜师祖李老君，再拜众位好师兄……这班"老君"弟子颇懂规矩地赶忙赠钱。艺人持有"不伸手取钱"的行规，仅用简板夹住钱币丢进鱼鼓筒中，然后再次作揖离开演唱场地。也有个别少爷身穿平民服装，跟随"师傅"一同凑一凑热闹。

道情音乐由曲牌音乐和唱腔音乐组成，南通道情的主要唱腔有"太平调""流水板""下河腔"。曲牌多采取折子戏中的片段，又糅合听众喜闻乐见又趣味横生的曲牌，诸如"狮子令""闹五更""双凤池""杨柳青"，还有"十二生肖说古人""十二月绣女""三十六码头"等。诸如《十二月花名》道情中"正月里迎春花开，开得人人喜爱，梁山伯、祝英台，杭州同窗三载"的唱词。

南通道情随着岁月的流逝而衰落，当代青年朋友只有从影视、戏剧中去品味道情的风韵了。

打腰鼓　以身着华丽服装的女演员为主，腰系橄榄形、涂上红漆、两端箍有牛皮的小鼓，按节拍敲打，形成节奏明快、欢乐有余的音韵，并配合进进退退的舞步，由一人指挥，敲得溢耳欢娱。旧时游行队伍中有腰鼓队，就会人人争相观看。时下街道社区中的老年妇女，在晨曦初露时也聚在一起练习打腰鼓，以此来锻炼身体。

其实腰鼓和花鼓同出一宗，不同的是花鼓将小鼓举在左手，用右手打击；腰鼓却系于腰间，"左右开弓"，双管齐下打击。腰鼓花鼓的演出，可追溯到明嘉靖年间，《明斋真识·广陵韵事》中就有"花鼓传来三十年，而变者屡矣，始以男，继以女，始以日，继又夜，始以乡野，继以镇市，始以村俗民氓，继以纨绔子弟"的记载。清代民间艺人绘的《崇川三十六行风俗画》中就有一幅画，其中女角左手拿小巧玲珑的花鼓，右手持小花棍，频频出鼓作舞；男角左手拿小鼓，右手持槌，边敲边舞，两人的表演配合默契。这就是古时花鼓舞姿的又一表现。

无论是腰鼓还是花鼓，在不同时期的表演形式，总在不断地变化，在女演员演出时，有男演员"骚鞑子"一同参与，用以凑趣取乐。在舞蹈动作上腰鼓"颔首摇臂、颤悠相济、脉脉含情、柔情似水"的艺术个性更加得到充分展示，这样精华风韵在舞蹈音乐上强化了主题音乐旋律，再与"十里花鼓舞不同"和"山美水美人更美"的风土人情融为一体，既有男子阳刚之美，又有女子柔情的清秀与甜美。

放幻灯 幻灯被誉称为不动、无声的电影，新中国刚成立时，百废待兴，需要迅速将党的方针政策传递到乡村每家每户，对文盲占多数的群体，方针政策是无法靠开会推行的。所以无论是工作队还是宣传队，就随队带来可放映的幻灯机，一到乡下就放幻灯片，日间借校舍关门闭窗，遮上黑布挡住光线放映，晚上则在露天打谷场上放映。

幻灯片上的内容与图画，配合宣讲员的讲述，达到事半功倍的效果。当年幻灯片有土地改革、粮食统购统销、"三反""五反"、镇压反革命等短小精悍的内容。

吹口哨 我们通常所说的哨子，是用金属或塑料制品所制，用嘴吹时发出节奏频率参差的哨声，多用于体育训练，或用作比赛项目的信号。

口哨则不然，它不需用哨子，仅凭表演者的上下嘴唇翕动和舌尖微动而发出音调。在吹口哨时，还可将食指和无名指含在嘴里轻轻地吹，有本事的爱好者还能吹出婉转动听的画眉鸣唱，也能吹出喜鹊的问候、麻雀的聒噪、黄鹂的欢乐、白头翁的歌唱和鹁鸪鸟的"天气预报"。

口哨除用指头调音，还可攀折竹叶、树叶、苇叶等植物叶子，双唇轻轻一抿，亦能吹出优美动听的曲调。似箫笛合奏，余音绕梁，又如王嫱抱琵琶、卓文君弹绿绮琴，真是丝音入弦，珠滴玉盘，不愧为自娱自乐的好玩法，对于健身休闲亦有裨益。《南通情歌》云："郎在隔沟吹口哨，姐在房里踮脚瞟,娘问女儿望什么?看看月亮升多高。"吹口哨还是热恋情人的联络信号,在尚未流行电子通信的时代,以吹口哨来联络倒是一个最好的方法。

拉洋片 旧时在南通城街头,有一种颇为吸引人的民间游艺,市民称看洋画儿。

这些在街头卖艺之人,多系齐鲁、徐淮"流迁"南通的民间艺人,在街头巷尾或空旷的地方,摆上拉洋片的摊儿,手里敲起小铜锣儿,嘴里嚷嚷地喊着:快来看洋画儿啰!

拉洋片亦称"西洋镜"。艺人在一比旧照相机镜头略大的玩意儿上面,盖上一块黑布,在对面框盒里插上约20×30厘米的洋画儿。观者通过玻璃小孔,就可以看到经过放大镜放大的山水、虫鱼、人物画像。画面上有诸如"张三姐游春""金陵十二钗""猪八戒招亲""山水风景"等场景,以及一些取材于民间笑话的智憨人物。

有时,拉洋片的艺人敲着用绳缠的小鼓、小锣、铜钹等,嘴里还唱着格调比较低下的曲调,像《姐儿洗澡乘风凉》《十二月花名》等。据说这些艺人的后裔多数已落籍南通,成了本市居民。

隔壁戏 旧时南通城里,有一种民间游艺称"隔壁戏"。隔壁戏古称"暗春"。据辞书解释:演员坐在帐幔内,配以简单器具,通过声音表演简单的情节,诸如救火等,让观众隔着帐幔聆听,故名"隔壁"。江南大都市早就流行,南通则是民国初年的事。

当年异乡客和本地具有特种技艺的民间艺人,为了糊口谋生,持有一种哗众取宠的口技技艺,掩上一块粗糙的青布,或较鲜艳的蓝印花布,用来作前台幔(有时就地圈围于街心空旷的地方)。演员藏于布幔背后,巧妙使用手中简陋的器具的拍击声奏出百鸟和鸣、山涧流水,汇成悠悠动听的乐曲。激烈时,真像千军万马铁蹄扬戈混战厮杀于沙场;忽而又似如泣如诉、悲切愁肠少妇哭夫,沉闷至极,观众正沉湎于痛苦时,骤然宛如俊男黛女嬉闹的嬉笑声,依然那样情愫绵绵,须臾间听众绷紧的心情马上要松弛下来,又窃窃私语,谈笑风生。

总而言之,民间艺人凭借简便的道具和变化多端的口技密切配合,为迎合招徕听众,凭借演出时艺人搞出的喜、怒、哀、乐、吵、闹、哭、笑,演得惟妙惟肖,用来吸引观众。当然艺人藏有不少拿手戏,诸如紧张激烈的"孙悟空三打白骨精",铁马金戈奋战沙场的"岳飞大战金兀术",情愫缠绵的"白娘子水漫金山会许仙",惊涛骇浪中的"哪吒闹海擒老龙"。

有时格调并不全系高雅,诸如"活捉张三郎""活捉王魁",尽管属于制恶扬善的范畴,尚夹杂一些"辣春"的独白。为"拉拢"小听众,还搞那么一套"双猫戏蝶""猫捉老鼠""猎犬追兔"。尤其是"猫捉老鼠",仿佛听到猫儿"咪呜"一声吼叫之后老鼠就擒的尖叫,忽而"嚯嚯嚯",老鼠忙于"逃窜",入迷的小听众们甚至瞪大眼睛注视着,生怕遁逃的耗子从脚底下滑溜,可见其感染的魅力。随着时间的推移,这班民间艺人多系由民政部门重新安排了工作,也都成家立业,繁衍后代,享受人间的夕阳乐。

玩陀螺 利用物体不停旋动的惯性保持平衡的原理,使所玩的陀螺、菱笃、提螺、地黄牛"上演"不同的游艺乐趣。

打陀螺 陀螺是一种小巧玲珑的木制民间游艺玩具,是上粗下细的圆锥体。在打陀螺(又叫打皮猴)时,由两人以上举两尺许长纱绳抽打,只要打得得法,陀螺会迅速不停地飞旋。比赛规程主要是看抽打陀螺旋转时间的长短。

打陀螺不需要特别场地,人数可多可少,有时一人也可玩耍,花式繁多,趣味盎然,在民间颇为流行。据有关资料记载：5000年前的新石器时代，就有了陀螺，在山西夏县西阴村、仰韶文化遗址、海安青墩出土文物中，就曾发现手工雕琢的陀螺。

掼菱笃　菱笃像两件陀螺叠制而成，上下均细，中间"大腹便便"。掼菱笃时用一根细绳绕紧上半段的"身躯"，当随手掼出去时，菱笃下端的一根定心铁钉随着自身的快速转动，围着在地面转上一个小圆圈儿，然后"立足"自我表演一番。

比赛之时，谁掼出的菱笃转动时间短促，就属输方，只好乖乖地献出心爱的菱笃玩具让对方对准上面狠狠凿上一记，谓之"吃肉"。此时赢者若忘乎所以，一旦失手就会转胜为败。这样轮番博弈，直玩至兴尽为止。

扯提螺　提螺是用两段空心毛竹焊接在一根木质轴心上，并在空心毛竹壁上雕刻不足1厘米宽、约4厘米长的"风口"。民间俗称的提螺又名"空竹"。游艺玩耍时，取两根尺许长的小木柄，系上一根坚韧的长绳，将提螺"吊"在绳上，两手轻轻扯起，提螺就缓缓转动。随着系绳扯动的频率加快，提螺转动转速倍增，发出一种类似风筝葫芦的响声，异常悦耳动听。

南通城郊曾自发进行提螺比赛，有的参赛者在提螺外围涂上红、绿等五彩颜色，那多彩颜色提螺，更是绚丽斑斓。一些提螺好手，将正在旋转的提螺向空一掷，待提螺落下还落在系绳上，继续旋转。评委侧耳鉴听，谁的提螺响声盖住对方，谁就获胜。有的提螺转动时会"超速"，就出现"背气"（瞬间响声湮没），这需要掌握扯提螺的技巧。

拉"地黄牛"　"地黄牛"只取提螺的一半，轴心下端镶上旋转的中心支柱，其制作与提螺基本相同。玩时用细绳绕在下侧轴心上，放置在地上使劲一拉，"地黄牛"就在地上飞快地旋动，发出牛吼般的响声，大概"地黄牛"的大名就出自于此。

说利市 南通的"说利市",又称"讨口彩",实质是一种颂言赞语的吉利词。旧时新春佳节的正月初一至元宵节前后,一些说顺遂话的艺人,独自走门串户,或者两人搭档,不管主人邀请与否,径直走入人家"说利市"。

说利市的艺人,一般家境比较贫寒,多数是"兔子不吃窝边草",跑上老远到其他乡村"说利市"。艺人备上一根榆树扁担和一对打算用于储盛食物的竹编箩筐,手托方盘。艺人抬脚跨进主家门槛时,嘴里就朗朗地读唱背得滚瓜烂熟的彩词:新年头里大发财,红绿招财贴起来,送福来,送寿来,落座主家把年拜,主家去年出秀才,今年高中状元骑马去游街,金银珠宝挑的挑来抬的抬,拼拼凑凑几麻袋,一买南庄好沙田,二买西庄褚家埭(在龙潭村境内),三买中间牡丹开,四买后庄凤凰台……

这些口彩代代相传,也有艺人信口自编,反正离不开褒言善语,说得主家心花怒放,心甘情愿站立一边聆听。等艺人说唱完毕,道一声"恭喜发财"时,主人就马上馈赠十几只馒头或糕点。有时主人馈赠得比较"寡薄",艺人就再一次提出"恭请主家再开开仓",主人尽管心里不愿,也只好"开仓"再破费一点。

总而言之,新年新岁里多言吉祥话为佳,再者,"说利市"的艺人,民间称他"送财菩萨",岂有不笑纳之理呢?迄今不少农家还藏有供说利市用的老杂字,讲述一年四季农田耕作程序和婚娶喜庆等,文字简练,念起来朗朗上口,也许这些都是出自文人的手笔,记录了艺人说利市的蓝本。

跑马灯 地处江海平原的南通,逢年过节除舞龙灯之外,还喜欢玩耍一种大型民间舞蹈"跑马灯"。这是一出富有神话色彩又有武士精神的游艺舞蹈。它带有百姓对喜庆丰收的祝福,亦包含对文武全才的男儿金榜题名、出征立功的企盼，所以为大家喜闻乐见。

关于跑马灯始于何时，听老人们讲，当年长江滩涂有茂盛的草原，马匹养得剽悍强壮，所以南通每年要向皇帝进贡很多马匹。可是随着江潮海涛吞噬滩涂，繁茂的芦苇、水草相应减少，再无力饲养大量的马匹，致使饲养的马匹也不再产驹，州官只好奏本"申请"免除马匹进贡。皇帝当然不依，委派钦左巡查，州官也颇有心计，派人扎了许多似马的马灯去迎接钦差，阐明马均成了神，仅留下马影。皇帝相信，只好豁免了通州马匹的进贡。其实，明嘉靖进士钱嵘奏请圣上的豁免，倒真有其事。这一来，民间纷纷仿效，形成跑马灯的民间游艺舞蹈。

马灯的装扮非常讲究，用竹篾扎成马头、马身，"马肚"空空，糊上彩纸，也有的粘上五彩缤纷的花布，用棕树须做马尾，马颈项间还挂上锃亮的铜铃，马身边缘系着串串彩珠。扮演者的名目也颇有趣，扮雄马的名曰"状元"或"将军"，扮雌马的名曰"花旦"，均挑选俊男靓女来担任角色。领队的身穿黄衣，双手执铜钹，名曰"骚鞑子"。

跑马灯开始，由"骚鞑子"敲响铜钹，引导马灯队跃跃起动，每队多则七八匹，少则三五匹。那些"骑"马男女，手执缰绳，随着叮隆的铜铃声，扮演"状元骑马""英雄凯旋"等阵容。有时马灯队还不断变换阵势，形成往返穿梭的"十字穿风阵""荷花泛水阵"，以及"八卦阵"，等等。

若逢夜幕降临，通城人则挑灯夜战。"将军"耀武扬威，显示出征杀敌的英雄气概，"花旦"也巾帼不让须眉，表现飒爽的英姿。演绎游艺"跑马灯"时，男女老幼观看者将马灯围得水泄不通，在锣鼓和铜钹的"助威"声中，跑马灯的队员"跑"得更加欢快，玩得非常开心。这已是一道远逝的风景，如果逢年过节再搞起来，这一民间文化习俗的游艺能得以延续。

舞苍龙 在爆竹声声、辞旧迎新的新春佳节里,民间艺人手执纸糊的苍龙,朝着喜气洋洋的主人家去拜年,恭贺新春。艺人登门就口出颂言:苍龙苍龙点点头,年年蒸的好馒头,苍龙苍龙伸伸腰,年年蒸的好年糕。手舞苍龙转个弯,主人家搬进两座金银山……

正沉醉在新春欢乐的人家,遇上舞苍龙的艺人登门,当然喜笑颜开,以馒头年糕分赠酬谢。"过年舞苍龙,该年不愁穷。"龙是炎黄子孙的图腾,中国古代就用二十八宿来表示日月、星辰在天空的位置,便可判断季节的变化。在二十八宿中的角、亢、氐、心等七宿组成一个完整的龙形星座,角宿为龙的角,西方人称之为天蝎星座。

民间传说中认为苍龙是龙族中的"小弟妹",心地善良,乐于助贫致富,人们心底早就对苍龙有一种精神上的寄托,期盼它能够经常光顾穷困人家,成为名副其实的助贫致富的龙神。故此,民间艺人把苍龙当成带有神秘色彩的吉祥物,也正满足了祈求者的心愿。艺人有时也将红、绿颜色的绸布制成苍龙,长长的,由两人举起旋舞,虽不及舞龙那样具有翻江倒海的磅礴气概,而让笑容可掬、憨头憨脑、稍带稚气的苍龙朝着主人"点头哈腰"时,总令围观者笑逐颜开。艺人抓住主人高兴的心情,颂言赞语,迭涌而出。"舞苍龙、舞苍龙,苍龙登门不受穷;老扳(指主人)铜钱银子给得多,苍龙准会珠宝送……"

尔后,舞苍龙的艺人在"前呼后拥"的孩童的簇拥下,再去登临第二家。正如一首《崇川竹枝词》所唱的:"足谷村农岁底忙,下河水患尽逃荒;沿门利市声声好,舞罢苍龙跳灶王。"所传苍龙就出自海安里下河地区的"龙神"。古时舞苍龙者以"金箔为盔,执戈舞蹈",其装饰比画上还要威武壮观呢。

舞龙灯 舞龙灯又名舞龙,起源于汉代。《史记》上写刘邦自诩是"真龙天子",经历代而不衰。其实舞龙最初是作为祭祀祖先、祈求甘雨的一种仪式,而后逐渐成为一种文娱活动。民间有几种传说:相传夏朝时有位叫刘累的奇人,他在"御苑"中是"养龙"的御侍,故被称为"御龙世家"。一次龙患上了懒得动弹的怪病,又时值朝中一年一度的盛典,皇帝承袭祖传的规矩,要到"御苑"巡视,这可让刘累急得团团转。无奈之下,他亲手扎制了一条假龙,在皇帝巡视时,让众多的舞龙高手躲在"龙"肚皮下翻腾旋舞,蒙混过关,这条假龙就成了第一条"道具龙"。还有相传某龙王腰痛难忍,宫中药物服后无效,听说人间有起死回生的名医,就变成一老者去求医。神医一扶脉忙说:"老喝爵不像人脉。"龙王大惊,只好说出真言,神医从龙鳞甲中抓出一条蜈蚣,经过拔毒、敷药,龙王立马康复,临别时对神医讲:"要想风调雨顺,五谷丰登,照我的样子扎龙舞。"该蹊跷事传出之后,人们每逢干旱便舞龙祈雨,并有春舞青龙、夏舞赤龙、秋舞白龙、冬舞黑龙的规矩。

供舞的龙称"龙灯",所以舞龙叫"舞龙灯"。其实民间艺人在龙灯的道具上一直是"百花齐放,推陈出新"的。从简陋的龙灯开始,直到制成五六十米的巨龙,单龙头就高达3米。均采用柔软光滑的竹篾和坚固亮晶晶的铁丝扎成骨架,取五颜六色布匹精心绘制龙鳞花斑,真是活灵活现,栩栩如生。并以精巧的工艺安装上电池灯盏,照出五光十色、璀璨斑斓,在"龙眼"内还装上大电筒,发射着耀目强光,威风凛凛。

每逢舞龙灯时,由数十名训练有素的艺人高高举起龙灯,在"领头"挥舞"龙球"滚动导引下,龙灯似一条巨龙昂首直飞而出,左右翻卷,起落腾飞。舞龙艺人不仅要拥有高超的技艺,而且还得具有强健的体魄,在滚珠"龙宝"左右开弓下,龙灯就跟着"龙宝"做出摇、摆、滚、缠、盘、穿、蠕等多种动作,变幻莫测,窜上跃下,"龙宝"越滚越快,龙灯舞动的频率就得紧紧跟上、一着不让,方使旋舞的幅度相互配合,一气呵成,让观众看到"龙灯舞"的热烈奔放,显示出如出水蛟龙的腾云驾雾,翻江倒海的磅礴气概。尤其是"群龙"争斗,人声鼎沸,舞龙舞得威猛剽悍,粗犷雄浑,有的似惊鸿掠地,轻捷飘逸,有的雍容华贵,从容大气,有的温顺慈祥,刚柔相济。加上场中烟花怒放,鼓乐喧天,人与自然和谐相依的氛围让人心醉,盛大的节日表演,表达人们祈福的愿望和愉悦的心情,舞龙灯带来的欢悦久久停留在人们心间。如今舞龙灯兴盛不衰,连乡间小小集会都有龙灯出现。

射"房基" 房基并非真正的建房基地,而是画在地面上的房基平面图,这是供休闲游艺的标记,又称跳房子。

开始时,由娴熟的领头人画好两幢由10余个方块组成的"房基"。按甲乙双方经划拳所得的先后程序,让参加者自备磨得锃亮的瓦块,或者用碎瓷碗片当"射子",瞄准画好的房基中间射去。然后仅允许单腿独立,用脚趾踢那"射子",飞快地穿越"房基"的基地。倘若抬脚稍不留心而将房基"墙壁线"的线痕踩掉,就算把房基的"墙壁"冲塌,按规矩属犯规而受处罚,让对方继续射"房基"。

经过反复拼搏与较量,看谁能在短暂的时间里,将所有房基"基地"跳完,就算谁独占鳌头"上岸"(谓之获胜)。凡获胜者就有权选择任何一块"基地"在此建造"新居",并且在"新居"的四周颇有考究地描画"蓝图"。某些别出心裁的"画家"还用瓦片当笔,镌画成甬道曲径,圆门瓶洞,甚至还"栽植"参天树木和奇花异草。直至玩第二轮时,其"主人"尚可在"新居"中逗留片刻,以稍作休息。

梭冻 北方称滑冰,南通民间则叫梭冻。还在半个多世纪前,每逢枯冬腊月,天气奇寒,正如当今气象专家分析一样,属"小冰川"时期。一俟隆冬岁月,大河封冰,小河结冻,十天半月也难溶化。大人小孩为能御寒,从梭冻中取暖。

当时在乡间冰上梭冻,并不全知道滑冰这词儿。其实远在八九百年前,就有了滑冰的记载,不过不叫滑冰,而叫"冰嬉"。

梭冻并不穿溜冰鞋,仅穿经过跑路、鞋底已磨平的走鞋。独自梭冻也行,几个人手搀着手一齐梭也好,在冻冰面上梭来梭去,因小河的冰已结到河底,不会有落水的危险,梭呀梭,周身经过剧烈运动,浑身热乎乎的。有时正梭得兴高采烈时,也会"彭"一声跌上一跤,虽然屁股跌得有点痛,但无大碍,继续投入梭冻的行列中,直玩到兴尽为止。随着天气变暖,梭冻只能"纸上谈兵"了。

推铁环 铁环有专制专用,也有就地取好材料,利用箍农具上的铁轮,再取一根具有刚性的约6毫米直径的铁丝,卷弯成折沟状,既能"推"又能"挡"就行。

推铁环为独自玩耍的游艺,重在一个"推"字上,伴着铁环本身圆形旋转的滚力,只要将手中游艺玩耍"道具"——铁叉掌握好,铁环自然而然地滚动得"稳步前进",如果技艺欠佳,铁环在滚动前进的途中就歪倒在一边,甚至画一个半弧形的圆,"卧地"不愿"前进"。这时游艺者只得重新将铁环扶正,再次推动铁环以达到预定的地点。

猜百草 在"布谷盘旋飞,蔷薇扑鼻香"的季节,乡下的孩子们爱玩一种猜百草的游艺。游戏开始首推一个比较精明的大孩子当"东道主",凡参加的伙伴手中攥着五颜六色、各色各样的野花碧草,让席地围坐的孩童去猜,这样玩既情趣盎然,又能增长知识、培养思维能力,能辨认本来不认识或者叫不出名字的杂草野花,还能鉴别牛、马、猪、羊等牲畜能否食用。

这些花草正是那季节的,诸如蜻蜓岩、葛轮藤、野菊花、牛舌草、枸杞头、烂针眼、观音蓁、槐树坠、茅草蕊、淡竹叶、马齿苋、樊篱头、喇叭花、虎牙草等,每人握紧让对方去猜,猜对了他"做桩",猜不到,罚唱一首儿歌,通常用的童谣曰:"今日天气好,围坐猜百草,你猜我也猜,看谁肚才好。"

斗地主　斗地主一词还是新中国成立初期土改运动的专用词,怎么用到游艺上呢?近20年来,随着扑克"八十分"的步步深入,玩腻了"八十分"的朋友,又别出心裁地"创造"出一种新的娱乐休闲游艺——"斗地主"。

"斗地主"的打法基本雷同于争上游,唯不好打"姊妹对""三搭一"等。斗地主取两副牌,其中放一张明牌,谁摸到谁就是"地主"。凡当"地主"者可多摸8张牌,因此某些初定为"地主"者窥看自己的牌力相当薄弱时,也可央求"实力雄厚"的群众代他当"地主",谁也不想"领悟"的话,这位"地主"也就只好当定了,准备"挨斗"。当然也有"家底丰裕"的甘当地主。

经过一场博弈较量,"地主"凭着"财产富庶"的优势,再"狡诈"一点,一般能逃避"斗争",而"脱了帽子"。反之,在三方围攻下挨到"坐斗",则萎靡不振,一败涂地,谓之"输家"。一轮接着一轮,每轮都处于紧张、激烈的气氛之中,故与玩"八十分"的趣味也就平分秋色了。

水下游艺　南通是有名的体育之乡。根据青少年们对体育的爱好,水下游艺五花八门、精彩无比。

嬉踩水　踩水为水下游艺中的一绝。苏东坡的《竞渡》诗云:"文老不知招屈恨,少年争作弄潮游。"据辞书上解释,弄潮即弄潮儿,为立泳(踩水)也。踩水非一般游泳爱好者所能掌握。因踩水不用双手配合"划游",而是凭双脚不停地踏水而过。其运动方法是双脚缓缓浸入水下,双脚当"舵",双拳握紧,平举于肩,也可举过头顶,敏捷地踏浪而行。其要领是必须始终保持半段身躯的平衡。特种踩水游艺者，肩上掮一笆斗黄豆，在宽阔的通扬运河上踩水来回于河面，肩上的黄豆不被一滴水珠打湿。

巧潜桩 乡村爱好游泳的青年，为消除燥热，纷纷似青蛙状"扑通"跳入清澈见底的河塘之中，待游上一阵之后，便会玩起潜桩的民间游艺。

在游艺之前，游泳健儿站在水中，抽签划拳而定顺序，魁者"坐桩"，顺手取尺许青柳枝与芦苇作"桩"，然后神秘莫测地推波击浪潜入水底，将"桩"枝半截插入污泥之中。为能始终保住"桩主"位置，他往往在潜入水下时，故意搅浑水底，泛起一串串水泡，用来掩盖其"庐山真面目"，而把真正"插桩"的穴塘藏在另一边。游泳伙伴几度潜入水下，来往寻觅，迟迟潜桩不着。有的在气馁之余，休整小憩片刻，有的则连续轮番作战，以潜到"桩"才算一轮结束。

呅水鸭子 这是如一种"打水仗"的游艺。游泳者站立水中，双手拍击水面，溅起波光粼粼。随着拍击力度的加大，水面渐渐"波涛汹涌"。狡诈的一方，利用对方还无警戒时，突然袭击，掀起水柱袭击"敌方"。对方一旦发现，马上予以反击。如此猛烈"交锋"，直至形成打水仗高潮。

水獭猫过江 两位或几位游泳伙伴将脸半埋水中，在宽宽的河中比赛看谁先游到对岸，领先者取胜。在争先恐后的"百舸争流"中，游艺者划水形成八字水浪，犹如水獭猫过江一般。

丫捉鱼 "丫"系鱼鹰的俗称，扮丫者追赶扮鱼者，有在水上"拼搏"的，但多数潜入水下。尽管"丫"非常凶狡猾，而"鱼"则足智多谋逃避追剿，妙趣横生。

蹦跳水 该游艺远远不及游泳比赛中的"跳台"跳水，唯借助现成的河汊陡坎或稍高的小桥。泳艺者屏住气朝水下扎一猛子，胆小的只好"隔岸观火"。

斗碰腿 斗碰腿的游艺，俗称"斗蚌蚌"，时下在电视上已多次亮相,其实南通城郊民间早就有这样的游艺活动。

斗碰腿开始,甲乙双方都呈现"格斗"的气概,右腿直立,左腿裤管卷起,右手攥牢左腿脚踝,单凭右脚行走,进行前进后退的战斗程序。其"斗"的过程,就是将自己左腿的膝盖去碰对方的膝盖,边"斗"边唱:"左脚碰碰,右脚碰碰,海角狼山,狼山没顶,猪头牛头,一摸拳头,两条牯牛,三根棒槌,四个寿头,五花浪头,六六花头,七八九侯,狼山石头。"直到唱罢,又一轮开始。一前一后,一来一往,反复较量,斗得对方"节节败退"为止。

有时败者"虚晃一枪",佯装败退,乘对方不备时,采取突然袭击的方法,以此击败对方,转败为胜。这类游艺,能锻炼腿脚的直立耐久性,常常活动,减少疼痛,同时膝盖也增加了活动力。

踢毽子 踢毽子的游戏,一般以女孩子玩为主,也有少数小伙子参加的,女孩子有爱针线的天赋,做毽子非女孩子莫属。女孩子手持一枚方孔铜钱,外包一层原棉布,沿着铜钱圆周缝制而成,方孔中间以针线固定寸许白鹅毛管儿,上插大公鸡尾巴褪下的彩色羽毛,这样就可以用来踢着玩耍。

踢毽子的方法,有右脚单踢,也有左右开弓,双脚一齐启用,谓之"翻蛋",同时也有用右脚朝后勾起的"划虎跳"。在玩踢毽子游戏时,全身起动,双脚配合,凭借自身的体力所支承,再加上踢毽子的技巧,踢上三五十记,上百记,一些女孩子简直不在话下。

如果是自发的比赛,就得看谁踢毽子数多,两人也行,三四人亦可,大家玩得开心,玩到兴趣盎然为止。此时凡参加踢毽子玩耍者,个个几乎汗流满面,衣衫基本已经湿透,但不嫌累,不叫苦,而带着微笑走回家,转身再向同伙们挥一挥,做一个姿势,示意明天再玩。

打钱墩 打钱墩为冬季特别是春节期间青少年玩的一种"博艺"游戏,南通地方古书上早有"东门打老侯"的记载。打钱墩又谓之打墩,一种是每人在"墩"上放置铜板,分序先后举起厚重的铜板,瞄准叠起的一堆铜板打去,故谓之打钱墩。另一种通过两块长方形青砖"靠"成"桥板"斜坡形,举铜板从"桥板"上抛去,铜板顺着抛掷的冲击力,"咚"的一声,铜板就沿着圆周的轨迹缓缓向下冲去,抛得越远,玩者手艺越精湛。抛掷铜板谓之抛打儿钱,谁抛得远谓之"上家",再捡起铜板打击抛得近的"下家",这样"上家"就在博艺中夺彩。打钱墩与抛打儿钱有相似之处,又有区别。打钱墩在离"墩"3~4米处,画一条笔直的横线,玩耍者站立于"钱墩"处举上一枚铜板朝横线"丢"去,落地的铜板与横线靠得近的谓之"上家",这一要看瞄准时的眼力,二要掌握好"丢"时握铜板的掷力,用力过猛,离横线远去,用力不够,铜板又达不到横线。这样以横线距离远近回头就可举"核子"打钱墩上的每人"入股"的铜板,谁打击力重,铜板落地的多,这些就归谁,之后以此类推,直到将钱墩上的铜板全部打到地下,谓之一盘结束,之后继续再玩。

打莲湘 南通非莲湘起源之地,旧时,大凡从里下河讨饭过来的叫花子,挨家挨户行乞时边打莲湘边哼唱,目的是讨几个欢喜钱。在其影响下,在乡下爱自娱自乐的姑娘们也自制几根打莲湘的道具,取约1.2米长的竹竿,两头镂空,嵌进拉直调线的铁丝,竿外缠着红绿绸带,以增进挥舞时的色彩,在铁丝上按上一串串铜钱,能在表演时发出有节奏的响声,这样莲湘道具就算完成了,两三个一组,五六个也行,凡有莲湘竹竿便可参加打莲湘表演。

表演打莲湘,人数不限,一般是双数,八至十人,选上几位长得秀气的姑娘,再上身着红,下身着绿地打扮一番,队形排列整齐,鱼贯而入走上场,参演的窈窕靓女们,时而手持一竿莲湘,时而又执两竿,一边自己敲打,一边又相互交叉对敲,不时弓腰前俯,顷刻又攀腰后仰,表演一阵,再来个蹬脚跳跃,反反复复穿梭翻转,时而相背而行,形成波浪穿风,最后列队前后左右穿插多变,整整齐齐,无一错漏。表演到激烈时,还仿效武打中的惊险动作,一队中预选出一位佼佼者,来上一套"空格",用头、胸、四肢配合,按档再打向四面的莲湘竿,其动作敏捷,令观众眼花缭乱,目不暇接。

表演者充分利用莲湘道具内的串串铜钱上下窜动,激发出铜铃般的响声,加上四肢乃至全身的动作,有条不紊,颇富节奏。伴随娴熟的舞姿、自唱与伴奏音乐,悦耳醉人,使歌与舞和谐结合,让人们得到一种视唱相济的艺术享受。尤其可喜的是伴唱的民间小调,皆为广大民众中流传的,有《孟姜女送寒衣》《剪剪花》《卖杂货》,还有《红娘子游狼山》,其唱调为:一更京儿里,红娘子游狼山,新绣花鞋案桌推,嵌线裤子水绿衫,白沙袜套绸绢袢——针线手艺崭……五更京儿里,红娘子游狼山,妆饰打扮不怠慢,胭脂花粉脸上抹,金丝钗簪插黑发——香袋郎来夹。

演唱者全身心投入,演得十分认真,常常汗流浃背,满脸汗珠闪烁,气喘吁吁,但是始终面带微笑,情绪饱满炽烈。每演一片段,总引起观众们掌声雷动。有时参加迎神赛会,边走边唱,又是一道美丽动人的风景线。

在打莲湘舞蹈中,一般为四节、六节,最多达十节,所谓节就是每一个段落的变换,其演唱随着节奏的提高,更增添欢乐气氛。

嗨号子 南通是有名的山歌之乡,唱山歌俗称嗨号子。嗨号子重在一个"嗨"字上,"嗨"为南通方言,即出口唱的意思,属一种自娱自乐的游艺。号子的范畴,有打麦号子、东水号子、耥稻号子、削草号子。嗨号子的韵符一般是很慢很慢的"慢悠悠"调,一条长腔,拉得很久,但嗨号子有一个规矩,"告上时"的日子不宜嗨号子。

号子的品位上升为民歌,是让草根文化登上大雅之堂台阶的第一步,不仅形成了男女相恋的情歌、粗犷韵浓的民歌、乡土芬芳的农田歌、稚气童韵的儿歌,还有流散社会相互传诵的戏谑调笑的"打戏"歌。"打戏"为南通方言,类似戏谑打诨又带讽刺意味的民间歌谣。

戏谑诙谐打诨歌 南通人一向讲究文明,不轻易当面讲什么"辣春"话,有时却在山歌中"绽露"出来,比如小叔与嫂子调情,亲友知道,左邻右舍也晓得,面对面怎么好讲呢,就用"杨树叶子两头尖"来"调侃"。而将后面的三句"叔子困在嫂子里床边,哥哥要用棒来打,嫂嫂说是共家的钱"省略隐住。其意是说,娶嫂嫂时父母支付出礼金,小叔应该也有一份,而把叔嫂调情模糊起来,让听者一笑了之,被"调侃"者也不会生气,各自乌龟吃萤火虫,各人心里有数。

再如长工给财主打短工(类似钟点工)时,财主刻薄吝啬,但当面不好说他小气,而是通过"打戏"歌来"启发"他,其歌云:"日落西山满天乌,主家(指财主)酒坛密嘟嘟,四两(约今125克)篓子不曾打得满,责怪做生活的(长工)喝得多。"短短四句,就使吝啬的财主、无奈的长工的心理状态跃然纸上。还有一首:"太阳平南正其中,长工肚里空打空,再过半时没饭吃,鼻子饿得不吸风。"不难看出时间已过正午,财主还在拖延劳作时间,若还不进餐的话,事必让长工饿得近于昏厥。再如栽秧结束,傍晚收工时,常常点燃菜秸烘腿烘腰以祛除"寒湿"。栽秧师傅领头唱的一首"打戏"歌谣:"菜秸点火一路烟,主家不嫌我开言,四盘一汤菜"丰满",肉片薄得飞上天。"真是铿锵有声,入木三分。

旧社会重男轻女,但生了女儿又将其当"摇钱树",成了索取礼金最好的筹码。因此一些大龄闺女,因碍于父母强硬索取礼金,而迟迟嫁不出去。想娶他女儿的或抱不平者,就这样"打戏"道:"臭嘴老鸦(说话泼辣)田岸蹲,格大(这么大)的女儿不嫁人,六月里鲥鱼趁早卖,省得鱼臭肉烂送给人。"农历六七月间,一年中最热的时间,刚取上来的鲥鱼怎能搁着不卖?比喻恰如其分,诙谐有趣。

过去,在包办婚姻的同时,还盛行童养媳的男女婚配,不顾儿子多小,将大龄童养媳娶进门,有这样一首歌谣:"十八岁的大姐三岁郎,睡觉还要抱上床,等到成亲圆房日,大姐头发早已白苍苍。"也有"打戏"嫂嫂嫉妒姑娘的:"栀子花,靠墙栽,雨不落,花不开。亲爷(父)瞟见女儿来,拿篮子上街买小菜;亲娘瞟见丫头来,针线匾子拿出来;哥哥瞟见妹妹来,椅台桌机摆出来;嫂嫂瞟见姑娘来,咕噜咕噜骂出来……"宛如一幅完整的讽刺漫画,是女儿"走娘家"时活灵活现的真实写照。

这些戏谑"打戏"民歌,多系无名作者口耳相传的"创作",夸张也不瞎说,"打戏"(讥讽)而不出格,针对非常到位,"辣春"并不下流,挖苦掌握分寸,戏谑领会打住,如"望望日头望望天,望望烟囱不冒烟,再隔一个时辰没饭吃,哪有力气再锄田"。"老板娘是'好'良心,四两篙子当半斤;醉汉贪酒今日醉,赊账得还双倍钱。"说的是卖酒娘子见醉汉喝醉,用小半量器计算双倍酒钱来愚弄喝醉者,讥讽得淋漓尽致,一针见血。

这些针砭社会陋习又带有戏谑调侃意味的打诨歌,告诫人们对旧风陋俗的警觉与醒悟。这些陋习随着时代的变迁正在被革除,逐渐被新风尚替代。剥削与反剥削的"劳资"关系也起着根本的变化,亦为新的顺口溜和讽刺歌谣所蜕化变异。

情愫缠绵的情歌 南通是民歌之乡,情歌则以婉转悦耳、抑扬顿挫、朗朗上口而令人陶醉。南通情歌大致分成深情、送别、约会、相思、失恋、挑逗、乱情、薄情八大类。在深情情歌中有这样一首:"残冬腊月寒气重,北风刺骨直钻胸,棉袄穿上不御寒,情妹缝的夹衫反暖烘。/狼山顶上飞野鸡,哥不嫌妹饭粥稀,有情清茶当美酒,粒米也能度肚饥。/情妹不嫌郎家穷,妹是金子郎是铜;妹是杭绸郎是缎,绸衫也要线来缝。"不难看出,眼前一对情愫绵绵的恋人,将家庭窘迫潦倒、饥馑挨饿置之度外,追求的是真情实意的浪漫情怀。

送别的情歌也很浪漫有趣:"送哥脚像石头吊,抬头瞟见乌云飘;情妹祷告快下雨,好让情哥宿几宵。/送郎送到浮萍沟,妹拿荷包交郎哥哥手,叮嘱情哥只要牢记荷包主,莫要惦挂小情妹。/送妹送到芦花荡,蟢蟢(蜘蛛)忙着织蛛网,哥劝情妹牢牢记,风吹丝断快接上。"男女送别时依依不舍的心情难以言表,因种种原因不能厮守一处时,在送别途中各方唯有将情愫埋在心间,连制作荷包的主人还羞答答甘愿隐名埋姓,岂知一语双关还是小情妹自己。

古时男女相约障碍很多,例如:"喜鹊领路前面叫,情妹下河把米淘,娘问怎么去了这么久?河里水干等涨潮。/约郎约到日落山,大门上锁房门关,花雀落笼翅无用,羊钻篱笆进退难。"不难看出,儿女私情会遭到各方干涉,数句情歌绘声绘色,传情传神。

相思也可作为单相思来解,如:"想妹想得不思茶,跑到河坎嫌路长,听到情妹捎来信,身轻似燕好像长翅膀。/日落西山柳影遮,郎是金鱼姐是虾,郎变金鱼等潮水,姐变银虾等水涨。"其情强烈、细腻。

失恋的情歌又从另一个侧面反映出男女主人公复杂的矛盾心情,由原来缠绵缱绻到梦萦神牵、抑郁凄婉急剧变化,且全盘托出,淋漓尽致,曲折委婉:"刮风下雨又打雷,一日要望郎三回,倘若一次郎未见,回家吃饭也不香。/远看狼山靛又蓝,近看有座观音岩;眼看情妹到跟前,等哥走近她进家。/霜打菊花叶子焦,梦见阿妹心变了,米团蘸蜜也涩口,鸡汤下面无味道。"失恋的姑娘一次次张望情人,望不见的时候茶饭不思。失恋的小伙子路上等不到情人,梦中见情人变了心,不用铺垫就能觉得余音缭绕,韵味无穷。

挑逗情歌则相互间用试探的方法,表现出挑逗的幽默风趣:"情哥情妹迎面笑,天长日久情意高,还是情妹先开口,问哥'情'字怎么写法好。/山歌好唱口难开,姑娘难呼情郎来,打个号子逗郎听,劝郎要学山伯寻英台。"

乱情的情歌又是一番风韵:"妹拿绒线绣荷包,越绣心里越发焦,还是独绣鸳鸯鸟,还是绣对郎和娇。/情妹赠哥一张画,挂在屋里常常望,吃粥能当酱小菜,吃饭看看少喝汤。"这样既烘托了气氛,又产生了无穷的韵味。

薄情是指双方都不可能建筑爱情的"城堡":"无情别与妹结交,赛如雪花做黏糕,砻糠搓绳搓不拢,油泼河心水面漂。"连用3个比喻阐明没有一点基础的爱情,是不可能成功的。又如:"萤火虫飞红灯笼,水中捞月是空梦。"这些生动感人的情歌,随手可捡,很多很多,因限于篇幅不再赘述。

趣味横生的渔家歌谣 南通滨江临海,有得天独厚的渔港。先辈们不仅善于垦荒种地,垒灶煮盐,还结网捕鱼以图谋生。在闲暇之余,渔民们创作出趣味横生的歌谣。这些自娱自乐的渔歌,犹如飞鸿击风,气势磅礴;又像洪流奔腾,汹涌澎湃,一泻千里;而有时则弦韵绕梁,丝丝入扣,委婉流畅。正如《芦泾渔歌》所唱:"蓝天作帐月点灯,白鸥萦绕日西沉。四海为家龙云伴,乘风破浪守乾坤,晨迎朝阳晚送月,世上最乐捕鱼人。"从这首渔歌中,不难看出渔民生活的真实写照,是一幅美丽的《渔家乐》图。

当然某些渔歌中也唱出了渔民们的辛酸:"四九寒天去

摇船,摇断橹绳舱底下钻,浸湿了鞋子赤脚走,淋湿了衣衫风吹干。"四九"是一年中最寒冷的时候,穿着破衣,赤足打鱼那种生活可想而知。于是,就有这样的渔歌:"网船渔娘苦凄凄,夜间芦滩捉蟛蜞,醉蟹当肴来助酒,鱼虾上市换麦粞。"过去渔民打鱼还要经过老板这道关卡,因此就产生了这样的渔歌:"渔民生活多苦愁,渔行老板刮皮挖肉吃骨头,算算米麦有一担,到手只有二三斗。"这种重利盘剥,让人听来真有点不寒而栗。当然渔民也会自我陶醉唱出这样的骄傲:"齐整姑娘心思重,爹娘嫁她东海东,不怕瘫子婆,不怕瘸子公,只喜欢男人是个捕鱼翁。"

有首渔歌叫《小阿姐看中船郎》,唱出了渔民青年男女的相恋之情:"十七八九一位小阿姐,头发黑来眼睛亮,暗思里相思一个摇船郎,摇船郎生得浓眉大眼……过三江、闯四海……就像金鸡独立在船舱、摇橹掌舵、逍遥自在、气煞海龙王。"小阿姐的妈用言相探,结果女儿依然相思:"上山郎,没眼相(看),下山郎,隔壁嶂,山前郎,配不上,山后郎,我不想,浪荡郎,没用场,有钱郎,靠他人家血汗涨家当,妈呀,我一心思想许配摇船郎。"小阿姐的心声用渔歌唱出来,用词含蓄,音韵脱俗。又如:"日落西山锅底灰,郎去航海勿见归。娇娘哭来眼泪九曲三弯、三弯九曲就像长江里水,心里好比秤砣捶……"那位盼郎出海归来的娇美女子,似呼之欲出,让人感觉亲切自然。

渔民以江海为家,漂泊不定,捕鱼既有季节性,又得看准潮汐,除此之外还得织网、补网、修理渔具等,劳作之余、闲暇之际就自编自唱渔歌,因此渔歌调子悠扬顿挫,慢慢地哼唱,今日唱不完,明天接着唱,从中取乐,其趣无穷。

泥土芬芳的《农田歌》 在南通民间采风中搜集到木板刻印和笔墨抄写的两种版本《农田歌》,刻板时间为光绪三十三年(1907),每句七字,二百余行。农田歌一开始就将人们带进广袤的村野之中:"乡里农田四季忙,纺纱织布进行坊……挑粪倒坑伐沟岸,挖沟帮坎扦杨桩(植树)。"句句朗朗上口,能说能唱。

农田歌将一年之中农村里的农事风俗、栽植季节、耕种季节、耕种程序具体地叙述出来。春耕时节:"加岸开港修洞子(涵洞),时交七九塍荬兰,空田藏粪种春菜,塍靛种麻下小兰。"夏种之前:"早晏(浸)稻种俱接水,捶草搓绳卷稻包,耕田砟草垩犁路,秧田滑肥(施肥)候(待)耕耖。"进入夏收时:"收拾做场扯(摘)豆角(指蚕豆角),扯殚留杆磨冷钉。"大忙季节:"打刀割麦掼元麦,扫帚籚紧安连枷,迟眠早起车秧水(灌溉),扬麦翻场倒草秸。"麦熟抢种:"响雷起风乌云滚,拔秧车水耕种田,担秧切饼赶忙莳(栽秧),五谷棉花全出齐。"

《农田歌》中写端阳节:"桑果雄黄烧美酒,贴符赏午饮杯觞,裹粽鲤鱼佳酒浆。"端午一过,酷暑莅临,农夫们虽然在烈日下干活,非常辛苦,而在歌声中却充满着乐观:"暑里最热火烧天,点粪垩花壅饼连,拔稗耘田耥早稻(稻田除草),乘凉避暑似神仙。"经过紧张劳动,好不容易迎来了秋熟丰收:"拈花拔豆割籼稻,看稻(值夜护稻)翻铺打豆秸,收场叠草选种稻,扬净晒干上囤仓。"

丰收的果实还得兑成钱,以添置农具、备足肥料,如果遇上儿女婚嫁又必须另有一番忙碌:"卖花粜稻押(买)衣裳,佳果喜封满盒装,三堂大礼娶新娘,高升吉炮贺新郎,亲眷朋友来贺喜,合卺之时客满堂。"

寒冬腊月,无论大家小户都忙于过年了:"磨米蒸糕磨小麦,浇汤起酵发馒头,门神金甲朱笺纸,猪首鲤鱼凤尾羹,青笋香菌鸡鸭肥,银杏圆枣柿饼甜,银耳福橘共金针,招财进宝增福禄,老爷买田子孙根……"

《农田歌》为无名氏所作,在民间流传至少已有百年。

据几位耄耋老人讲,他们幼时上私塾时,蒙馆先生教的就是《农田歌》。现在看来,《农田歌》仍是用以教诲子孙们勿误农时的好读本。

南通的"刘三姐" 一部《刘三姐》的电影,使刘三姐成了家喻户晓的"歌仙"。南通也有一位"刘三姐",她就是民间传说中善良、机智、聪颖、泼辣、多情的红娘子。她真正的姓名无从稽考,仅在《康熙通州志》中"风俗篇"里有相关记载。

在一首民歌中可以看出红娘子的美丽、泼辣:"真齐整,皇帝惊闻丢掉魂,心想要把红娘子娶到手,一道圣旨下到通州城……"在皇帝逼婚的情况下,谁敢说个"不"字,个个吓得目瞪口呆。而红娘子面对双手捧着圣旨的大官,不慌不忙地吟唱:"公公别头缩在龟壳里不敢伸,要想娶我红娘子,一要猪头狼山大,二要东海龙王的镇海针,三要蚊子翅膀织成帐,四要珍珠串成洗脸盆,五要雪花瓣儿晒干上秤称,六要玉皇大帝做媒人。"皇帝卖掉金銮宝殿也娶不成。

红娘子的真姓,有人说姓施,有人说姓罗,有人说姓陈,也有人说姓任。祖籍海门的陈秉生搜集的一首民歌称她姓董:"红娘阿姐本姓董,上下穿戴一身红,聪明多娇名气大,皇帝要伊做正官……"看来红娘子姓甚名谁,多出于唱民歌押韵的需要,而作为典型女性的代称倒是可信的。由于红娘子名气大,一些土豪劣绅也垂涎三尺:"红娘子,你别凶,把你嫁到东海东,瘫子婆、瘌子公;男人(丈夫)惹的(患上)大麻风。"在这四面受围的逆境下,红娘子则镇静自如地回敬:"说逞凶,就逞凶,老茧生满的双手不愁穷;懒惰汉子坐吃山也空,化生(败家子)金子也会变成铜。"

在许多歌唱红娘子的民歌中,颂扬她劳动出众的山歌有:"红娘子,子红娘,脱掉红鞋下田拔黄秧(水稻秧苗),三幅头围裙倒一束,八幅头罗裙束腰裤,十指尖尖拔秧苗,拔把好秧让郎栽……"

　　红娘子不仅是个劳动能手，还是一个非常多情的女性。如："情郎的书信火烫三颗疤（急件），红娘子丢下书信忙梳妆，前头梳个盘龙井，后头梳上双簪花，左边梳个龙起水，右边梳个子孙堂，上身换件青蓝袄，下身穿起水绿纱，头戴钏钗手拎包，匆匆忙忙去会郎。"又如："红娘子、美佳人，双手推开红娘妹妹家两扇门，左手推得恩哥（黄莺）叫，右手推得凤凰声，今日来会红娘子，说说谈谈忘五更。"

　　被誉为江海平原上刘三姐的红娘子，不仅品貌秀美，聪明伶俐，还能出口成章唱山歌。《康熙通州志》在元宵节"敬神"的"关目子"中，载有敬红娘子这一条。老百姓把红娘子封为神，足见她在群众中的影响，传说红娘子和她的"情人"相约游狼山的经过，现将民间流传的一则民谣小调摘录如下：

　　一更京儿里，红娘子，游狼山，新绣花鞋案桌摊，嵌线裤子水绿衫；白纱袜套绸绢袢，针线手艺崭。

　　二更京儿里，红娘子，游狼山，煮熟三只茶香蛋，锅炸烧饼带点咸；省打盅伙当中饭，留钱拜菩萨。

　　三更京儿里，红娘子，游狼山，睁眼一看亮光光，急惊穿衣忙起床；原是月亮照东窗，虚惊了一场。

　　四更京儿里，红娘子，游狼山，耳畔闻得箫笛声，误当郎来催启程；隔河情哥放风筝，葫芦声迷人。

　　五更京儿里，红娘子，游狼山，收拾打扮不怠慢，胭脂香粉脸上涂；金丝钗簪插黑发，香袋郎来夹。

　　民歌手对红娘子招待回访的"情郎"又是一番打趣："红娘子家来情郎，挽袖洗手尽滚汤，生姜、酱醋调味好，端上春台滴上麻油加葱花，情郎吃得连声赞，饮酒饮到月亮挂东窗。"红娘子还是样样能干的"才女"："郎在狼山顶上打弹弓，红娘子在山下做裁缝，衣袖攀在树杈撕破两只袖，送到山下红娘子针线缝。"无愧在崇川区内搜集到的长篇叙事民歌《红娘子》被列入2008年南通市非物质文化遗产名录。

粗犷嘹亮的打麦号子 "布谷盘旋飞,蔷薇扑鼻香"的季节,正是三麦登场的时候。每当此时,不禁想起过去打麦场上粗犷嘹亮的号子。

过去麦子脱粒,先用镰刀收割,然后人工举着一小捆麦把在"稻床"上使劲地掼,然后,为能做到"颗粒归仓",再用连枷来打(当然也有极少数人家直接用连枷打麦)。这一项较麻烦又劳累的农活,一般一家一户是不容易进行的,非得几户合伙,或干脆请短工来完成。于是在长时间的劳作中,便产生了打麦号子:"一把芝麻撒满天,打麦号子万万千,张良出世造山歌,还要跟我学三年。"

在喊(唱)打麦号子时,先推选一个"金嗓子"引唱,然后众人跟着来和,随着高低音起落声来配搭。打麦号子节奏明快,声调粗犷响亮,随着轻风一送,隔上两三座园基也能听见:"太阳平南近午天,八把连枷分两边,打得麦粒蹦蹦跳,欢天喜地庆丰年。"打麦农夫不仅把打麦的全过程唱出来,还流露着欢庆丰收的喜悦心情。

"东山日出鱼鳞斑,八洞神仙下了山;打麦场上来斗法,各显神通比高下。"看着打麦的农民兄弟姊妹,可以想象他们将自己比喻为"八洞神仙"的气魄,打麦场上也可以"八仙过海,各显神通"。

当然,打麦号子也有长工帮田主家干活的。某些田主只期望长工能够多干活,而在生活上非常刻薄,长工呢也不示弱,而喊出这样的打麦号子:"时过晌午田当中,喉咙冒烟肚里空;再过半时没饭吃,鼻子饿得没有风。手举连枷在拜天,主家不嫌我开言,打麦号子嗨一段,主家能给几个养命钱?"这样的号子讽刺得非常辛辣。

打麦号子在"劈劈啪啪"的连枷声中,此起彼伏,一浪高过一浪。据老农讲,当年嗨号子,手里做活就感觉轻松多了。当即嗨了这么一首:"花有清香树有荫,上场打麦抢晴天,早晨麦把千百个,傍晚折子囤黄金。/ 我的山歌比你多,捆捆扎扎装几船,歌船撑到山歌圩,连枷号子阻住路。"

虽然如今麦子收割脱粒已实现了机械化,但是打麦号子至今仍留在许多老农的记忆中,成了美好的回忆。最有名的打麦号子据说还上了春晚。

喜庆交融的珩嫁号子　嫁妆古称珩嫁,是女孩子出嫁体面的象征,珩嫁的优厚与寡薄,说明娘家的富裕与贫穷。过去出嫁的闺女总爱以珩嫁规模的大小而自豪或悲叹。因此挑珩嫁是闺女出嫁时的重头戏,增加喜庆气氛,助女家之威,扬女家之名,那么嗨珩嫁号子就不言而喻了,因农村有句古话:不嗨珩嫁号子要养"哑巴"。

珩嫁号子一般分四个阶段,一是进门号子,二是出门(嫁妆抬出)号子,三是途中号子,四是到家(莅临新郎家)号子。主要是进门号子与出门号子。然而进门号子一般挑珩嫁者不轻易开唱,往往待主人和亲友要求方才启唱,唱词也不多,四句头七个字,唱上两段就行了,否则便是"闷头佬儿大发财"。两段唱词是这样:

主家喜门正启开,珩嫁挑夫进门来,福禄寿财喜五个字,今朝喜字打头牌。

远见主家门大开,挂灯结彩迎客来,喜鹊登梅衔双喜,龙井香茶喜开怀。

嗨珩嫁号子的成败,往往取决于珩嫁挑夫的喉音,嗓音是清脆洪亮，还是"吃粗糠"的嗓子，听众一下就分辨得出来。如果珩嫁挑夫嗨得很响亮，亲友也会主动站出来，与珩嫁挑夫对上几句。主人见亲家派来嗨的启唱号子，心里固然乐滋滋地连说几声："托福！托福！""谢"与"谢世"冲尅，示不吉利，因此不宜说谢谢。出嫁女方有个规矩，非要等所款待的宾客散宴，方请挑珩嫁者入门，经过一阵忙碌，摆酒小酌，便忙着将珩嫁一件件搬到门外，放在竹帘上，挑珩嫁忌用绳子一类用品，而是多用青蓝布当挑绳，打好和喜结，试一试前后轻重，稳妥不稳妥，等待主人一声令下，挑珩嫁领头的挑夫，就开始嗨出门号子。简单的两句："状元骑马前面走，前呼后拥后头跟。"有水平的珩嫁号子，其词较多，今且录以下几则：

> 今天主家嫁新人，观音老母下凡尘。
> 观音老母来送子，大富大贵出喜门。
> 今天主家嫁新人，天上麒麟下凡尘。
> 麒麟送子到贵府，明日状元后头跟。
> 今天主家嫁新人，凤凰双双屋檐登。
> 凤凰不登无宝地，紫气东来喜临门。
> 今天主家嫁新人，状元游街过府门。
> 状元游街人潮涌，状元及第福满门。

珩嫁号子的辞令，还有专以用颂词来充实的，如：

> 要嗨号子我开声，主家款待好热忱，
> 酒足饭饱心微醉，八盘八碗八盆荤。
> 要嗨号子我开声，摆下老酒香喷喷，
> 刘伶当年曾喝醉，红枣浸酒十年陈。
> 要嗨号子我开声，待客忙得紧腾腾，
> 主人待客名声好，四乡八镇老善人。
> 要嗨号子我开声，主家目送我起程，
> 老多的珩嫁抬到走，新娘不忘父母恩。

嗨珩嫁号子的挑夫，边挑珩嫁边嗨号子，一出新娘家大门，在珩嫁队伍迤逦而行的时刻，还得丢下几句珩嫁号子："姜太公独坐钓鱼台，鱼钩钓上鲤鱼来，鲤鱼双双龙门跳，明年红孩儿来将观音拜。"

珩嫁队伍有个规矩：逢桥过坝，或有庙宇挡在路旁，才可停顿，嗨珩嫁挑夫还得高兴地又嗨上几段：

珩嫁号子我来嗨，逢桥过坝停下来，众位乡邻争相看，谁家珩嫁最气派（最最帅）。

珩嫁号子我来嗨，前方正好是庙台，菩萨见到嫁妆笑，新郎哥家喜开怀。

珩嫁队伍将莅临新郎家门口时，珩嫁挑夫眼看将完成挑珩嫁事宜，更喜形于色，尖着嗓子嗨起来：

新娘珩嫁要到家，新郎心里乐开花，父母兄嫂争相看，左邻右舍围来夸。

珩嫁挑起已到家，肩上扁担晃呀晃，珩嫁号子将收尾，多盼主家喜钱抓。

新郎父母一边笑得合不拢嘴，一边忙着抓喜钱，同时不停地说上几句"托福、托福"。尔后忙着将嫁妆搬到新娘房里摆放整齐。

在南通城远郊还流行这样的珩嫁号子，既亘古融洽，又富有时代气息："珩嫁未挑思真情，感谢双亲一片心。十里香花迎淑女，一庭芳草贺新郎。蝶恋花飞花恋蝶，郎依妹舞妹依郎。人间恩爱今宵乐，盛世新婚此日新。"

吉庆热闹的上梁口话 在南通市区周边县市，上梁说口话，为木匠师傅替农家建房造宅时的重头戏，重在为主家上梁时增加热闹气氛。如果上梁不说口话，那一天又正值上梁日子"闹糕"，似乎显得冷冷清清。

匠人在上梁准备就绪说口话前，主家首先泡一杯龙井茶，让他滋润一下嗓子，以防"失口"时发不了响亮的声音。

上梁时有许多不成文的规矩，比如梯子不叫梯子，而叫步步高，芦苇折子叫苍龙，斧头叫代富，等等。并且在中柱上挂一竹筛和供"照妖"用的镜子，筛子表示千百双眼睛，监视着鬼怪入侵。

上梁时准备好两张梯子，木匠师傅上手从左边肩掮木头，副手居右边，也一并掮着木头。这时上手就开始说口话了："脚踏楼梯步步高，和合神仙双手招。"声调清脆响亮，边唱边爬木梯，大概爬到木梯一半时，接着唱起："脚踏楼梯到半腰，金山银山往家挑。"话音刚落，上作匠人基本已抵达排楼中柱顶，接着将正梁放正楼中柱的榫眼间，嘴里又得唱起："吉庆日子喜吉祥，我替主家上正楼，东西南北神请到，带来珍宝堆打堆。"

上梁还有一件不可少的事，匠人系上蓝布月裙，月裙兜里放着粽子（示意高中）和状元米屑糕，这时匠人把系着芦叶、用漏草包扎的糯米粽子，朝半空抛掷，副手也抓一把散片的状元糕一并在同一时向屋内抛掷，上手嘴里唱着："你抛粽子我抛糕。高声吉炮闹吵吵，福禄双全逢吉日，财神老爷送宝到。"副手也唱起："你抛粽子我抛糕，八洞神仙造仙桥，招财问道何方去，利市回言此地高。"

匠人边说口话，边将正梁扶稳，镶入榫眼内摆正，并且开始将芦篾编织好的折子，一圈一圈绕在正梁与二梁上，象征苍龙已登门入宅。

接着匠人唱："春三二月暴芦笋，五月六月芦成行，八九十月芦花放，枯冬腊月割芦忙，金衮滚，银衮抛，折子似像苍龙绕，苍龙莅临主家屋，金银财宝堆满仓。"木匠师傅上手又开始说口话了："站柱喜逢黄道日，上梁正遇紫微星，去年主家造好状元府，今年又造福禄庄，府上庆日逢苍龙，前梁后柱飞凤凰，佛堂紫禁都造到，中间造个元宝庄。"副手跟着说起："你说高贵我接头，主家今日请我起高楼，南起三幢天官府,后起三幢紫禁楼,左边造的大书房,右边起的绣花楼,相公书房写文章,小姐描龙绣花伴君王。"

这些木匠口话,有师傅传给徒弟的,也有同事之间相互传唱学到手的,加上南通这建筑之乡的木匠,持有即席可编的口才,并不太注意遣词造句、叠字贺语,往往边唱边"修辞",其目的是多唱好话,增强热闹气氛。当然主家该日的心情也特别兴奋,在庆贺之余听到匠人一唱,更是开心万分,从袋子里抓出喜钱来酬谢匠人。

稚气多多南通童谣 童谣,就是口耳相传,从孩子嘴里唱出的歌,包含着天真聪颖的稚气、活泼生动的趣语、节拍明快的音韵、比喻迭出的遐思。口授教唱,朗朗上口;易教易学,便于记忆。也算得上外婆奶奶、年轻母亲对孩子言传身教的原始狙犷、童味稚气的百科全书。南通童谣的核心,是对儿童的成长的启迪,让他们重文化,长知识,掌科学,有梦想,敬父母,尊长辈,知善恶,辨是非,那快乐天真、童趣盎然的神态和清脆悦耳银铃般的声音,特别是那标准纯正道地的南通方言的押韵,区别于外地引进的童谣。比如:"亮巴巴(南通方言:月亮),跟我走,跑到城门口,跌了个死跟头,浑身变成烂泥鬼,买了个肉馒头,跑一步,咬一口。"短短几句童谣,就将牙牙学语的儿童,带向了浪漫的童话世界。满脸稚气的孩子,两眼望着月亮,跟着年轻母亲边学着走路,边"领略"儿歌,虽然跌了一跤,还"奖赏"了肉馒头,用以"安抚"跌跤的小宝贝。

南通童谣,一般三字一顿,多则五字,很少七字,如:"一人巷、二沟头、三里墩、四海楼、五步桥、陆洪闸、七佛殿、八里庙、九华山、十里坊。"童谣中的四海楼也有说成四步井的,总之是南通城郊的地名,跃然纸上。还有"萤火虫,夜夜飞,回家吃乌龟,乌龟不长毛,回家吃蟠桃,蟠桃未开花,回家吃黄瓜,黄瓜不结籽,回家吃果子,糖果一大堆,咽煞懒乌龟"。全篇利用尾声音韵，顺着编唱。加上南通人有随口编唱歌谣的传统，所以城里郊外的童谣就不尽相同，城里的童谣多市民生活元素，而郊乡的童谣又多水乡风情。所以依童谣尾音联词的比较普遍。又如"落雨落雪，冻煞老鳖，老鳖告状，告诉和尚，和尚念经，告诉观音，观音起水，告诉老轨，老轨推车，推到外婆家。"再如："天上星，地上钉。挂油瓶，油瓶高；挂镰刀，镰刀快；割韭菜，韭菜长；割两行，韭菜短；割两碗，公一碗，婆一碗，小媳妇，打碎蓝花碗。"

　　南通童谣，有时由母亲教孩子时，边做示范边唱，如让孩子坐在年轻母亲的双腿上，母亲拉紧孩子双手一推一搡，嘴里唱着："鸡磨、鸭磨，磨面花花，做面粑粑，伢儿吃饱，去看家家。"短短几句，不仅让孩子全身扭动，似做体操，又教孩子学会了不少语句。又如抬左右双腿，反复交叉重合，一边唱着："左脚蹦蹦，右脚蹦蹦，海边狼山，狼山没顶，有座宝塔，山下有滩，回家吃饭。"

　　南通童谣中有一种对事物进行夸张，让孩童们富有幻想的童谣，如："小阿哥，会爬坡，狼山顶上摸田螺，摸到田螺盘篮大，挖出肉子一担多，爹娘说是上街卖，阿哥说留过端午，切了二十盆，煮了十大锅，鸡也抢，猫儿拖，哑巴吃了唱山歌。"又如："金鱼摇尾满身红，鲤鱼忙着请郎中，鲳鱼发怒嘴巴翘，鳑鲏急得眼睛红，河豚气得肚子胀，鲻鱼一跃上山东，买回一剂治病药，金鱼游得影无踪。"本来金鱼就没有病，满身仍有红色斑点的鲤鱼却匆匆忙忙去替金鱼请郎中治病，接下来则起了连锁反应，鲳鱼、鳑鲏鱼、河豚认为鲤鱼未经详细调查就鲁莽地行动，加上遇上了急性子鲻鱼，跟着附和采购治病的药物，金鱼没有病，理所当然溜得影无踪，这就告诫孩童们一个哲理：草率行事要闹笑话的。虽然没有几句，却颇觉趣味横生，又让小听众不经意地认识到一些普通鱼类的特征和习性。

少年儿童所唱的童谣，就以人物所显示，如："嫂嫂哭要亮巴巴，哥哥捐梯搭不上，嫂嫂哭得心多伤，哥哥急得打巴掌，姑娘窗外踮家望，误当哥哥打嫂嫂，原来哥哥不打嫂嫂打床帮。"哥哥宠爱嫂嫂，小姑姑看在眼里，只当哥哥在"教训"，将"闺房"闹得青哩哐啷，哪知道聪明的哥哥不打嫂嫂却敲打床帮，以引出响声来糊弄妹妹，再让她传递信息给老母亲，以免落下"取了媳妇忘了娘"的名声。

若逢狂风暴雨，年轻母亲，左手挽着孩子，右手在心肝宝贝胸口轻轻拍几下，嘴里吟唱着："风来了，不怕；雨来了，不怕；城隍庙里鬼来了，不怕。"这时小孩乌溜溜眼睛仰视着母亲，仿佛一下子胆量就大起来。也有年轻母亲将孩子卧伏在肩上，用手拍着孩子稚嫩的后背，唱着上面的歌，孩子听着听着就睡着了。

少年儿童跟着大人听说童谣时，也会学着自编童谣，仔细分析，这类童谣恰包含着美丽的幻想，仿佛将人们带进了一个童话世界里，比如："丫鹊（喜鹊）吭，尾巴翘，二狗哥，娶嫂嫂，萤火虫领头打灯笼，白狗黑狗抬花轿，田鸡（青蛙）咽咽吹洋号，蚱蜢扭着伴舞蹈，蝉知歌声高，癞蛤蟆桥下踮脚瞟。花轿到家大家笑，花猫乐得跳上灶，咪唔咪唔叫，咪唔咪唔叫。"

南通童谣，一般不夹着"荤话"和辣春段子，与南通民歌、乡间情歌有所不同，传授者都是孩子的长辈，不大可能有"黄色污染"，使南通童谣真正成为长辈对晚辈能梦想成真的殷切希冀，让孩子将来成为国家有用的栋梁之材。

同仇敌忾的抗日民谣　在日寇蹂躏南通时期，老百姓自编自唱抗日民谣，有时为了传播迅速，也采用含蓄"避讳"的方法，如《四哥哥队伍本领高》中："日本侯上岸闹'空防'（日机轰炸，有时以此虚张声势），黄狗（指国民党部队）溜来黑狗(指日伪军)吭;二月十六(指农历)南通陷,鬼子汉奸下了乡;四哥哥队伍(也有唱"台子脚"的,均指新四军)本领高,不怕日本侯有刺刀;日本侯下乡来烧杀,就怕遇上台子脚;四哥哥队伍一出发,日本躲进碉堡做王八;四哥哥胆大到处跑,日本侯像老鼠见了猫。还有机关枪,连打十三响,黄狗子过了三条沟,先捉鸡子,后追花姑娘。"前半首将穷凶

极恶的日寇在抗日游击队(或新四军)面前无能为力,后半首把鬼子下乡不是捉鸡子就是想强奸妇女的豺狼嘴脸暴露无遗。"还有盒子枪,连打十三响,卡壳一响,怎能打东洋。"东洋即东洋侯,老百姓对日寇的蔑称(指日寇),表示抗日战士的决心。

　　上海文艺出版社于1960年出版的《抗日歌谣》一书中,在苏北抗日歌谣中的南通部分有《吹开乌云现青天》:"八路军、显神威,杀敌如风将云吹,吹开乌云现青天,吹得鬼子化成灰。"这一气壮山河的大无畏气魄,颂扬八路军简直宛如天兵天将一般,仅轻轻一吹,鬼子就能化成灰烬。又如:"草木逢春开颜笑,新四军真的来南通,百姓犹如饥孩见了娘,老少好比旱鹅见水苗,欢迎队伍一大淘(方言,表示群),敲锣打鼓三天不

睡觉。"新四军与老百姓重逢时的军民鱼水情,口耳传唱,跃然纸上。还有一首民谣《打走鬼子保家乡》:"月儿弯弯照东庄,东庄如今非往常,房子被烧田地荒,鸡鸭牛羊被抢光……月儿弯弯照我庄,男欢女笑精神爽;父老兄弟放下锄头动刀枪,打走鬼子保家乡。"

抗日战争,是一场关系着整个中华民族命运的战争,中国人民为谋求民族的独立解放,与日本侵略强盗展开了浴血奋战,英勇顽强,历尽艰难困苦,终于取得了最后胜利。以史为鉴,继往开来,民族尊严,铭记胸怀。缅怀英烈,发扬抗击外来侵略者的光荣传统,代代相传。

南通工人抗日歌谣 1938年3月17日(农历二月十六日),日军板垣师团饭冢旅团5000余日寇从姚港登陆,侵占南通城,国民政府地方当局和军队不战而逃。此后,日寇占领南通达8年之久,直到1945年日本投降。70岁以上的老人,每逢回忆此事,无不对日寇无比愤恨。当时城闸工人除参加罢工之外,还用歌谣等形式来揭露其滔天罪行。如揭露日寇滔天罪行的《火烧十里坊》:"花夹子(棉花包)还在码头上,'扇子'(情报)已经到后方,花船行驶到十里坊,四脚子合起来都搬光,气得鬼子发了狂,一把大火烧掉十里坊。"

南通工人抗日歌谣通俗易懂,并便利传播,抗日歌谣发自工人的愤恨,字字句句宛如一颗颗射向敌人心脏的子弹,如《喷蛆》:"番芋喷的蛆,宛如黄猫儿撒泡尿(黄鼬小便奇臭),工人避开远远躲,狗皮反穿的围着转,好像茅坑叮屎的钻骨蛆。"在日寇侵占时期,侵略军一般不懂汉语,说起话来老百姓比喻如狗叫,总得用中国人当翻译,这些人大多数充当汉奸角色,故工人对他们恨之入骨,背地里骂他是烂番芋,"番芋"与"翻译"谐音。

义愤填膺的抗日童谣 抗战期间,还流传着不少抗日童谣。比如:"一,二,三,日本(侵)犯狼山。二,三,四,日本挨打好几次。三，四，五，打得日本连叫苦。四，五，六，炸掉日本警察局。五，六，七，日本躲在碉堡里变成缩头鳖。六，七，八，包围日本在厮杀。七，八，九，反攻日本无处躲。八，九，十，消灭日本细瘟贼。"作者巧妙地以三个数字连成一句的尾音，叙述日本侵略军从侵占南通的狼山到彻底灭亡的过程。

天真无邪、稚气未消的儿童，从懂事起，爷爷奶奶、爸爸妈妈首先教他的，多是从童谣开始，由易到难，句子从短到长，内容广泛，由浅入深。在日寇侵略的特殊日子里，儿童爱憎分明，亲眼看见侵略军的暴行，从小立志长大参加新四军、八路军，去杀日寇。比如《只要参加新四军把敌杀》："不想爹，不想妈，只想四哥哥到我家；只想自己快长大，穿起军装扛起枪，只想参加新四军把敌杀。"又如一首《冬天到》："冬天到，麦儿香，麦儿好比新四军，冰天雪地受磨炼，到处消灭东洋兵。"还有《百姓哈哈笑》："麻雀怕老鹰，小东洋怕新四军，四老爹（指新四军）一到，小东洋投降，我们百姓哈哈笑。"《乐得妈妈咧嘴笑》："花喜鹊，尾巴翘，哥哥娶了个好嫂嫂：大眼睛，黑眉毛，脸孔像个五月桃。白天忙着要开会，晚上也没空睡觉；抗属给她发了奖，乐得妈妈咧嘴笑。"这则叙事童谣就是夸那些"抗属"嫂子的。《五更鼓儿敲》："一更天，鼓儿敲，大红旗，满天飘；二更天，鼓儿咚，新四军，真威风；三更天，鼓儿响，汪精卫，命不长；四更天，鼓儿急，小日本，要消灭；五更天，天大亮，鬼子汉奸见阎王。"

一枝独秀《花子街》 在南通市港闸地区流传着一部长篇叙事民歌《花子街》，这是汉民族民歌中为数不多的长歌。古代最出名的《孔雀东南飞》，主要还是出自文人手笔，以五言相传，传播2000余年。而出自"口传心授、口耳相传"的《花子街》，由于在流传上的障碍，无文字记载的难度，留存下来就更难能可贵。1983年6月在苏州太湖西山两省（江苏、浙江）一市（上海）吴歌学术讨论会上，南京大学教授、博士生导师高国藩称誉"南五（五姑娘）北花（花子街）"，为"一南一北，交相辉映"。北京民间文学权威杨亮才说，在他所见30多部长歌中，《花子街》长歌数经典之作。

由于南通州一直是苏北范围内仅次于扬州的繁华州邑，被誉为"崇川福地"，自然而然吸引了不少里下河一带逃荒来的叫花子。这些破产农民带来"文武"说唱，登门献演，谋求生计，待到洪水退尽，重返故里，也有的日讨千家，夜宿街头，衣不遮体，食不果腹，尽管异常艰苦，还照样"牡丹花儿开，荠菜花也开"，生儿育女，繁衍后代，就地固定居住下来。那些叫花子集中的地块，称为"花子村""花子庄""花子荡""讨饭圩"，倘若这样的定居点就在街头巷尾，有几家小店铺，就被誉为"花子街"了。

长篇叙事民歌《花子街》，故事完整，情节曲折，主题鲜明，语言朴实，言简意赅，群众语汇丰富，生活气息强烈，乡土风味浓厚，比喻形象生动。作品中出现的人物虽不多，但形态各异，栩栩如生。全篇以现实主义为主体贯穿其中，结尾充满浪漫主义传奇色彩，富有一定的教育意义，在港闸区还是首次发现，在南通市也不多得。

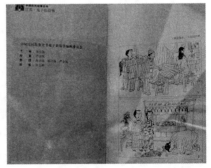

整部长歌，南通港

闸地区的民俗风情多有体现,仿佛是地方民间风情的重现。比如:"过年家堂菩萨左首供,祖宗轴子右首挑,丈把高的宝塔香,紫烟腾腾上九霄。"《花子街》长歌中人物不多,但形态各异,个性鲜明。外号钱财罐的钱富为一方首富,家财巨大,庄前庄后全是周整屋:"一排排砖墙灰嵌缝,一踏踏阶沿青石磨,一幢幢花楼朱红柱,一间间凉亭围绿荷,一塘鱼池青鲢游,一块玉石雕香炉……良田无数伙计多,方圆十里他收租,陈租米积无其数,吃不完挨虫子蛀,陈得太久生铜锈,老鼠撑饱如灰兔,荷花钱埋得发了绿,玛瑙翡翠上囤贮。"

再说语言,《花子街》就像一杯香茗,回味无穷。诸如歌中70余种花名,使读者仿佛进入百花丛中:"菱角花开结元宝,石榴花开挂灯笼,蔷薇花开扑鼻香,鸡冠花开靠粉墙……"还有老财主逼女儿嫁给叫花子后在途中的一番对唱,花子说:"花子庄里花子住,找不到半块砖和瓦,我人穷一世不能连累你,劝你还是找暖家(发财人家)。"财主女儿说:"哥哥说的外教话,玲珑妹配的花子郎;八败命也怕拼命做,我徕两个合起做人家(兴家立业)。""跟我没住房""不怕住在破庙堂""嫁我没饭吃""野菜麸皮掺开汤""配我没衣穿""蒲包裹裹照样挡风霜""床上无铺盖""稻草铺地就像困的金丝床""跟我要讨饭""哪怕一生一世夹根讨饭棒""成亲没有花轿坐""我是逐出门的女儿没嫁妆"……语言简练,生动精彩,缠绵悱恻。

山水相依的狼五山歌谣 万里长江奔流入海,沿途留下无数风景名胜,南通的狼山是江尾海头的一座名山,与剑山、军山、马鞍山、黄泥山五座山,合称"狼五山",在江海平原上突兀而起,上摩苍穹,益显雄奇,北麓皆悬崖峭壁,石骨崚嶒,泉出乱石,使人流连忘返。五山临江而立,秀美万状,日日夜夜恭迎长江,波涛壮阔,水天一色,涛声轰鸣,气吞吴会,秀丽多姿,俊秀挺拔。

狼五山歌谣大致分为五大类型:

第一种为颂扬大圣菩萨的神威,善男信女总免不了产生一种虔诚崇敬的心情,如:"转弯抹角来到狼山庄,身上邋遢怎得进庙堂;菩萨不说,自己也嫌肮脏。"又如:"八月初三起风霖大潮,一直淹到龙王庙,再隔半个时辰就要淹到狼山腰,大圣菩萨脱下身上穿的袈裟袍,罩住洪水再也不敢向上冒(泛)。"整个通州城正遭洪水肆虐,洪水已经淹到狼山腰,宛如民谚所言:"高高堰一倒,狼山顶上绊菱草。"高高堰是传说中的淮河总水闸,高高堰的闸门被洪水冲坏,狼山脚下俱成一片泽国。大圣菩萨面对汹涌澎湃的洪水,毅然决然脱下身上"防百虫、抗病灾"的袈裟朝山腰上一盖,不仅洪水不再向上涌,还慢慢拯救了黎民百姓,更进一步颂扬了大圣菩萨的神威。

第二种为狼五山歌谣,是一种稚趣横生、诙谐有趣的童谣。如:"小阿哥,会爬坡,狼山顶上摸田螺,摸到田螺没多大,挖出肉子一担多,爹娘说的上街卖,哥嫂要留着过端午,切了十六盆,煮了十六锅,鸡也抢,猫也拖,哑巴吃饱唱山歌。"乖乖,这么大的田螺,当然只能在狼山头顶淹在水里的时候才能"摸到",多为艺术夸张,也不外乎有大孩子们的口头创作。

第三种是以游览狼五山为契机,沿途攀上狼五山的景点时所唱。如在城山路上的一个重要景点倭子坟与曹顶像,狼五山歌谣中是这样唱的:"送妹送到万人墩(倭子坟的俗称),墩里埋葬倭寇不算人;奸淫、抢劫、烧杀的刽子手,血债累累万人恨。/曹顶手执切面刀,刀光闪闪切面条,自幼立下英雄志,杀得倭寇头颅雪花儿飘。"

第四种是以浪漫爱情为主线的男女情歌,这在狼五山歌谣中占了大量的篇幅,似乎在许许多多的情歌中,不带上狼山就觉得不那么过瘾。如："三月里来三月三，郎约小妹游狼山，石头塔子怕打滑，藕嘴嫩手由郎搀。/ 桃花开在三月三，桃红柳绿游狼山，观音岩上烧炷香，养个儿子再来谢菩萨。"又如："狼山顶上竖石碑，生根不怕罡风（台风、飓风）吹；只要你心合我意，哪怕王八说是非。狼山顶上飞野鸡，郎不嫌姐薄粥稀；有情清茶当美酒，粒米也能度肚饥。/ 送妹送到狼山下，走走停停忘吃饭，要待狼山上的石头上天飞，你我情意才分散。"真心实意至深的爱情像狼山上竖的石碑一样，再大的狂风也吹不倒。同时狼五山歌谣中的情歌，似乎导游小姐向游客介绍那长江口天然"盆景"，誉称"一翡翠"的魁伟雄姿，五首《结识姐儿》就将狼五山唱"靓"："结识姐儿狼山东，狼山顶上挂灯笼；灯笼壳上四个字，大圣菩萨坐当中。/结识姐儿军山西，顿顿吃饭想吃鸡，野鸡、椒鸡（五山古特产）都尝到，清汤下面狼山鸡（当今特产）。/ 姐儿吃饭剑山南，郎姐江边去看船，龙船凤船都见过，不曾见过采虾儿船。/ 姐儿吃饭马鞍山北，马鞍山前一对大蜡烛，支云塔和大观台，香炉就是五山拱北。/ 姐儿吃饭黄泥山中，黄泥山顶无山峰，姐儿不嫌郎哥丑，鸳鸯戏水荷花红……"

总而言之，狼五山歌谣没有多少华丽词句，多系通俗易懂的篇章，这正证明了这些歌谣是出自平民百姓的口耳相传。

《崇川竹枝词》中的情歌　《崇川竹枝词》属文人山歌的范畴。它区别于民歌的通俗与粗犷，但又根植于民歌之中。吟念哼唱，言简意赅，朗朗流畅，有韵有律。颇似古词古诗，但不像古诗词那样深奥。《崇川竹枝词》的作者，为通州人姜长卿，字吉亭，于清道光十年（1830）著成。

《崇川竹枝词》中的情歌约占十分之一，如《相见湾》："相见湾头湾复湾，一湾一曲水回环；相思不恨不相见，只恨郎行水上山。"又如《廖角嘴》："咸淡平分廖角嘴，朝潮夕汐本相连；妾心还比海水苦，郎口竟如江水甜。"还有《合叠之

夕》中的一首："花烛笙歌尚馈郎，窗前词客竞催妆；才通一顾携红袖，挨着深宵送洞房。"短短四句，就将新婚之夜的欢乐呈现在面前。

《崇川竹枝词》宛如民歌，以物以事而咏，如《獬豸坊》："簇簇红裙獬豸坊，看灯相约月昏黄；夜深各庙人初散，蓦地风来粉黛香。"庙会初散，还留有丽姑黛女，不时送来阵阵粉香。如《半山亭》："养花天气上狼山，拣着烧香三月三；轿住半山亭子下，高低步步要郎搀。"《车稻水·薙棉花》云："乡村四月闲人少，丫髻小姑学纺纱；郎踏橘槔车稻水，侬携鸦嘴薙棉花。"此首全系启海方言。这是作者姜氏为操启海语的通州人之故。"橘槔"大概系水车，为牵动车水的"引擎"，通人亦称"轴"。"鸦嘴"为锄田农具。"薙"，方言，通人多称"薅"也。另外还有"采得芙蓉擘作丝，丝丝织就汗衫儿；衫成密密同心结，郎为侬酬白绨帨苎"。又："新手巾儿拭汗香，为郎清洁赠与郎；凤城东是侬家住，门外芙蓉水一汪。"

婚丧喜庆习俗

按传统观念,生儿育女,传宗接代,是每家每户长辈对儿女们的期盼。从相识到结婚生育,每一道程序都要认真谨慎对待。

婚事习俗

发草帖 南通人生的女儿,称丫头,民谚云:"丫头要押。"其意是姑娘在十二三岁时,父母就提前为女儿张罗婆家,主动托媒。媒人是旧时男女缔结姻缘不可缺少的一个角色,"无媒难成婚"。

在物色婆家前,首先将女儿的生辰八字写在一张约一揸宽、两揸长的粉红纸上,粉红纸再折成反向双合形的草帖,故又曰"红庚草帖"。正面写闺女生辰八字,生肖行庚、月、日、时辰缺一不可。字数则限在十六字,不得越矩。反面分左右两行曰:三千甲子,八百春秋;天造地合,万事如意。然后折成方块形,外面再裹上一层大红纸。在双方父母初步感到满意之后,择日由女方托媒向男方发草帖。

当日大早,媒人从女方接过草帖,沿途不得到亲友家歇坐,不得与他人说话,直奔男方。男方早已敞开大堂屋,正在等待媒人的莅临。媒人也不跟男主人"搭讪",而将草帖压在神龛前香炉底下,既不坐不歇,也不吃不饮,随即匆匆返回。这样，是因为双方总忌讳左邻右舍的闲言杂语，万一相互无缘，怕惹人家讥笑，又有损姑娘的名声。男方收到草帖三天之内，家中无凶恶吵架、生灾患病、猪羊乱跳、猫狗嚎叫等不吉利事件发生，于是就请来瞎子，取儿子的生辰八字结合起来一齐算命，看看有无"冲克"，若能算到男女"有龟婚"、子女多的命运的话，男主人家就很高兴将这门亲事初步确定下来。

穿红　就是乡间的订婚，吉日上午男方请媒人和一至亲，挑上箩担，备好猪全腿，一对花鱼（鲤鱼），加上两对装有红枣和糖果的礼包。过去因钱币天天贬值，俱用棉纱折算代替，新中国成立后才起用礼金，一并送到女方的家里。女方收下火腿、糖果、鲤鱼、红枣只收一半，一半作为"回盘"，礼金或代礼金的棉纱，按不同人家，有收一半的，有全收下的，也有客气人家分文不收，其言辞就是说：做了亲，就合了心。

中午就餐之后，媒人返回，女方闺女在小姊妹的陪同下，也去男方家，当日傍晚前返回的叫"过门"，如果男方的准公婆赠予觐礼，姑娘就会改口称父母，不给见面礼的一般称伯父伯母。倘若留下永远居住的，称童养媳。无论留下或过门的姑娘，都开始与小伙子接触，就是当今时髦之语：开始谈恋爱。也有从未见面而结婚的，那就叫结婚后谈恋爱啰。

送日期　即日期礼，就是男女双方经过订婚、恋爱，相互信任之后，达到法定的结婚年龄，由媒人从中撮合，准备让男女青年结婚。

日期礼又称水火礼。水，老酒也；火，用红纸包的钱，红殷似火，收之烫手。日期礼有讨价还价的，一般由女方提出，有时数目巨大，男方负担不起，有将婚事谈崩的，也会造成暗地"抢亲"的悲剧。

日期礼只要女方接受，女方就知道男方择定的结婚日期。女方受了日期礼，就得以此来办嫁妆。也有穷人家用女儿的日期礼去还家中的欠债，不办嫁妆，因此就有这样的俗话："只有当面讲礼金，没有台上谈珩嫁。"珩嫁就是嫁妆。

娶亲　闺女出嫁，仪式非常隆重，且又很是烦琐，不能有丝毫差错。娶亲俗称喜酒，古称"圆房"。童养媳结婚无娶亲程序，故曰"游房"。

该日午饭后，男方在媒人的率领下，由新郎挑上新竹箩担和挑珩嫁的壮汉，一并直奔女方，倘若新娘家亲友中餐还未散席，不准入室，谓之"撞席"，只好在门外等候，直至女方中餐结束，方可挑上箩担进入中堂，将礼包、礼金、礼封、鱼肉全摆放在神龛圣柜或圣橱上。

礼封很多，首先的礼封谓新娘舅父检查礼品礼金的开盘封，该封一般不拆开，若拆开，舅舅要按封内的钱数同样增加。笔墨封是用于撰写庚帖的"笔资"，庚帖的形式，取一整张大红纸，铺于桌上，其格式约定俗成，其作与草帖同，背面上方还要注上女方贵姓，或按堂名取前面两字，或干脆写成某宅。庚帖每写一字不可中途蘸墨，而一笔写完，这执笔者是早就请好的，写毕也不作声，将笔墨封朝袋里一塞。

此外还有做嫁妆衣饰裁缝、制木箱、书桌木匠共同分享的"扁担封"，一般按嫁妆多少而定。傍晚前的晚宴，新郎上桌就得"余出"坐席封，中间要吃鱼时，厨子会候好亲手攀鱼，顺便取下"攀鱼封"。还有父兄抱新娘上轿的"抱轿封"、请人梳头的"梳头封"等数十种。

挑珩嫁　珩嫁有挑有抬，也可叫成抬珩嫁。珩嫁又称嫁妆、陪嫁，就是陪新娘一齐出嫁的物品。这么多珩嫁，就得聘请几位壮汉来担任抬挑任务，人数非要成双，媒人是"大佬哥"，不参与抬挑，手里只拿女方家早准备好的两根两端用红纸包着、用于张帐子的青竹，珩嫁尚未抬动时，还得先嗨珩嫁号子,清脆高昂,声调长远,几乎方圆三里都能听到。言词多为颂扬之语:"珩嫁未挑先开声,酒菜丰厚侍候人,吃了果子不忘树,齐声颂扬好名声。"以此来增加喜庆气氛,以助女方之威,扬女家之名。男女双方听嗨珩嫁号子高兴,据说不嗨会生哑巴孩子。

待主人亲自搬出一两件珩嫁,摆在早摊好的花帘上,且发出请大家一同搬的指令,抬珩嫁的方全面启动,不宜大声戏言,以防"失口",闹出笑话。抬珩嫁切忌用草索、麻绳,因二字谐音"麻子"和"不稳重",多用青蓝布,自家没有,也要租用。当扣子做好,还得试一试轻重平衡,以防万一。抬珩嫁者各就各位,待主人一声令下"起嫁"时,号子就又嗨起来:"状元骑马前头走,前呼后拥后面跟。"平时嘴巴再甜的新郎官,该日挑珩嫁也不喊一声"谢谢",因不吉利。珩嫁中途非逢上庙、桥不得停歇,珩嫁队伍一路浩浩荡荡,嗨着珩嫁号子:"姜太公独坐钓鱼台,直钩子甩上鲤鱼来。"一口气抬到新郎家,男方的亲友听到珩嫁号子声,远远望去,用目光"引"到家门前,争抢看嫁妆。

写庚帖　庚帖为封建社会记录姑娘生辰八字的"档案"。其字句措辞与草帖完全相同,但是草帖与庚帖规格不同,庚帖要用一整张大红纸,写庚帖的代笔,一般总是请当地毛笔字写得好的翰墨名流。因写庚帖时有个铁的规矩:一要站着写,墨师不得坐凳;二是一笔蘸足墨汁写完一个字,中间不可重新蘸墨,相传二次蘸墨日后生孩子不顺胎;三是庚帖上的字限在十六个字之内,既不能多,也不能少,反面写两行八个字的祝婚颂语。墨师写好庚帖之后,由女方主人代新郎家亲家将早就准备好的酬金给墨师,以示酬劳。

写庚帖的代笔墨师,在喜日前经男女双方商约敲定,不管哪一方邀请,代笔费均由男方支付,在礼封中早包好两份"代笔封"。墨师若为男方亲戚,也有不取"代笔封"的。如果取了，则要说上几句客气话，以增强融洽气氛。

女方主人待接过写好的庚帖，恭恭敬敬托着放在圣柜上让风缓缓将墨迹吹干，然后小心翼翼地从上至下由里向外按规定折好，装进男方早准备好的两条红带子的蓝布月裙，双手一捧，交给媒人。

等到返回新郎家时，媒人首先将庚帖连同月裙交给男方女主人，女主人连连说上几句"托福"，将庚帖"供奉"在菩萨柜前。在新娘入"洞房"前，把庚帖放置在床顶，谓之"长高"。直至满月回门，男方女主人才将庚帖折好放进橱柜内的首饰盒里，连同田契、租赁借据、房产等，作为重要物品，一并收藏。过后还向晚辈"炫耀"，某某某是属于"明媒正娶"的。

光绪十三年（1887）在彩色丝绸上撰写的庚帖

旧时农村姑娘不写庚帖，谓之不"合矩"。就像今天没有结婚证"非法同居"一样，让人家看不起，起码私下议论几句。这种写庚帖的婚俗延续了起码上千年，男女青年一直恪守着"父母之命，媒妁之言"。直至新中国成立后颁布了中华人民共和国第一部婚姻法，男女结婚时书写庚帖的婚俗方才慢慢消失，而成了耄耋老人们的回忆。

在庚帖中撰写的十六字的内容：坤造行庚、某某宫，某月某日某时建生。

背后颂语离不开吉祥、富贵和长寿，两行八字如下：麟趾呈祥，螽斯衍庆。

麟趾呈祥的麟为麒麟，民间画中的麒麟送子，早就以独特的魅力进入寻常百姓家。麒麟为中国四大灵物之一，《礼记·礼运》载："麟体信厚，凤知治乱，龟兆吉凶，龙跳变化。"

古人早将麒麟、凤凰、龟、龙列为"四灵"。历代皇帝都敬奉它,民间视其为管辖生育之神。

送接亲 旧时,不管高贵贫贱人家,姑娘出嫁,均由男方放轿或车来迎娶,新娘决不步行而至。轿夫和车夫按当日的喜神方位,将轿或车停放妥当,谓之"稳轿"。并非新娘摆架子,而是以防日后发生口角,媳妇可理直气壮说一句"我是你家放轿(车)接我来的,不是我自个儿走来的",此俗一直沿袭至今。

轿子一到,按照时刻,新娘就要上轿,新娘的一双脚穿在父兄的大脚鞋子里,其意是不将娘家的穷土带到新郎家。新娘上轿之后,女方派人手执燃着蜡烛的灯笼随后伴行,谓之"送亲"。送亲成员必须偶数,男女均可。接送地点按预先跟男方协商好的地点,除庙宇坝头,或三岔路口中途的某处,不得"越界"。

男方也在约定好的时间里,派出超过女方送亲的人数,同样手执灯笼,等待望见对方花轿灯笼亮时,方才燃起蜡烛侍候。当花轿一到,马上燃着鞭炮。有时也有女方故意多送一程,男方妥协后退;有时为此发生争执,双方总想多关心新娘,而多送(接)一程。接亲直至花轿迎接到新郎家门口,且在场外焚化纸钱,称为"谢亲",据说这样女方的祖宗才会回归,以酬谢新娘三代门中,暗助着新娘的成长。

跨火盆 新娘无论是坐花轿还是乘黄包车,总得戴上一顶由男方租赁的文明纱帽,以半掩靓面。此刻,新娘也很自矜,非搀扶下轿的喜娘扶她下轿不可。轿前放置燃上九支小蜡烛的黄铜火盆。新娘手里攥着早准备好的铜板或铜钱,在移动半步"金莲",抬脚跨过火盆的一瞬间,认真将铜板或铜钱散扔在蜡烛的火苗上,众亲友前挤后拥、争先恐后,尤其是公婆上人等也拭目以待,看铜钱能否将火苗扑灭。据说凡能抛灭几盏,就象征未来有几个儿女,就愁只听见哗哗哗铜钱对着铜盆的撞击声,而不见蜡烛火熄灭,如若一支也不灭的话,就示喻日后无子女传宗接代,公婆上人是不愿意看到的。所以新娘使尽浑身解数,"上演"这一出。

新娘无论能在抛扔铜钱时熄灭几盏,喜娘首先口念祝词:"多子多孙多福禄,曰富曰贵曰吉祥。"主家马上笑脸相迎,递上喜包,还笑吟吟补上一句:"托喜娘的福,托喜娘的福!"喜娘手接贺封,频频作揖:"恭喜主家,喜结良缘,福禄齐天,财源茂盛,多子多孙。"

跨火盆事宜方算结束,此俗现已消失。

焙热凳 新娘入籍新郎家,结婚之日,新娘也像新郎到岳父家一样,被奉为座上宾。男方要办一席,让新娘的伴娘和新郎同辈中的姑表姨叔伯家的姊妹一同入席,谓之"坐桌子",新娘坐为首席。

新娘入席,以文明纱帽掩面遮羞,首先从袋里拿出"坐席封""攀鱼封",放在席上,吃食非常文雅,同桌姊妹不停地揎菜劝酒,亲娘总婉言谢绝,决不能恣意喝醉。菜上一半时,就悄悄离席。

桌上不能有空位,首要人选就是新郎,谓之焙热凳,将新娘刚坐热的凳再度焙热。最好笑的就是新娘吃过的饭碗上堆得满满的由众姊妹强添的丰美的鱼肉菜肴,非要新郎统统吃掉,谓之新郎吃新娘的"剩饭碗",之后才不会嫌弃新娘。新郎当然也求之不得,刚才在岳父家还不好意思大吃大喝,这下可开怀畅饮,甚至一醉方休,当然也有新郎醉得进入新房倒头就睡的事件。

和喜茶 乡间,凡结婚人家,都有吃和喜茶的风俗。其实制作和喜茶也很简单,只要将红糖泡在开水里,掺些莲子、红枣就行了,全家及亲姑六眷现场分享,喝上一杯甜津津的和喜茶,日后可以和和美美过生活。

相传早先有一小伙子叫世无双,姑娘叫貌如花,从小青梅竹马,似青藤缠树,紧紧相连,两家上人对其儿女未来配成一对,都很满意。谁知将成婚时两青年男女在坏人挑拨下,竟反目成仇,弄得两家父母不知如何是好。正值六省巡按过境,两家父母告之其冤屈,巡按查访惩办了挑唆的坏蛋,随后传来世无双和貌如花,当堂便为两人主婚,并笑吟吟地道:"因陋就简,甜茶代酒,洞房花烛,两家和合。"喜娘趁机搡新郎新娘,先男后女,各呷一品,称为和喜茶。当然和喜茶的传说无以稽考,但南通乡下吃和喜茶的习俗,一直流传至今。不过当今和喜茶更为简单,就是新娘回门时,下午灌两瓶热水瓶甜茶,拿回去供全家亲友一同品尝。

坐富贵　新郎新娘走进洞房后,床前踏板上放着两张方凳,面对面而坐,然后由一位多子女且丈夫仍健在的老妪,端来团圆甜茶,一调羹一调羹,先男后女喂进两人嘴里,当然新郎"吃口粗",眼睛不眨就将小团圆吞下了,而新娘则不然,缓缓将团圆咽下,记住母亲的嘱咐:不可动牙齿嚼碎,嚼碎谓"嚼子"。连喂三口,谓之"连中三元"。

少顷,新郎起身,双手卸去新娘头顶的文明纱帽,类似当今时髦的红盖巾。老妪将早已准备好的红丝线,一头用嘴咬紧,一边绞成三角形,在新娘脸上连扯三把,将新娘前额的乳毛扯去,谓之"开脸",表示新娘从此由黄花闺女而转变为媳妇。

闹新房　照理新娘开脸之后就可关门圆房,然而一班新郎同辈的亲友和伙伴们,不会甘心,前挤后拥到新房嬉闹,谓之"闹新房"。这亦是对新婚夫妇表示祝贺的一种形式,男家也不阻挡。据传可以驱除邪魔,祈福保平安,怕的是"人不闹、鬼要闹",这样大家一闹,"鬼"就无插足的余地了。

闹新房也有恶作剧的,揪着新娘的公公扮"爬灰老儿",面也涂得乌漆墨黑,颈项挂一把爬灰榔头,被推进新房,还逼着他嘴里高喊:谁爬灰就像我!有时闹得不得停歇,则由族长出面调角"圆弯",方才让新郎新娘圆房,因有规定圆房的时刻不能超过半夜前亥时,因子时已为翌日。

现今闹新房依然存在,其方法大变,逼新娘新郎在众人面前接吻,或吃丝线吊苹果、喝交杯酒等,不过闹得开心,也就算了,主家巴望儿子媳妇圆房,他们也就完成了一桩心思。

摸喜果　在新郎新娘走进洞房前,就由专请的夫妇双全的老妪,在替新房铺床之时设下"埋伏",把红枣、莲子、糖果、花生等偷放在新床的四角,或绣花鸳鸯枕底下。不过当晚不可"越矩",非待翌晨,等新郎新娘下床之后,一旦敞开洞房门,则由几个早守候在一边的男孩子一哄而起,鱼贯而入,争先恐后去"摸喜果"。倘若届时无孩子参加,大人也唆使怯生的孩子们去"采宝",摸喜果的男孩越多主家越喜欢,如果孩子聚众成群,意味着"子孙满堂"。

随着时间的推移,摸喜果风俗已经渐趋淡薄,有的甚至被淘汰,唯发喜果被发喜糖所替代。发喜糖范围扩到很广,除单位的同事外,居民小组每家每户也都发到,亲友更不用赘言,宴桌上发,上礼簿发,反正是糖果满天飞。

回门　婚后三天,新娘回娘家称"回门"。南通有个老规矩,新娘一定要走在新郎前头。本来平时走路,总是丈夫率领妻子,为什么回门新娘要走在前头?据传与视"女子为小人"的孔子有关。孔子与孔二夫人正新婚宴尔时,孔子方发现新娘子所做的事往往超过他的预料,故此视女子为小人的想法一下子有了收敛,举孔二夫人回门之时走前头,也数孔子的愧疚。

该日上午,夫妻双双携带礼品,欢欢喜喜由新娘领头带新郎回到她娘家。新娘家往往趁女儿回门时办喜酒,这天女儿和女婿一样成了家中的贵宾,可以分别坐首席。下午,夫妻俩必须在太阳沉落西山之前，赶忙返回新郎家，谓之"两头红"，往后夫妇一直要同住一月，谓之"月不空房"，意味着婚事的结束。

当然南通城郊，各因情况不同，还有一些不同的婚事习俗，不是一笔能写完的。

生育风俗

瞒怀孕 儿子和媳妇成了婚，父母及家中的长辈都期望新娘能"早生贵子"，暗地里纷纷向家堂菩萨祈告，甚至到观音庙里祈求观音送子，一旦新娘怀孕，也不宜声张，生怕怀孕会中途"夭折"。因新娘年轻，也不知真假怀孕，过去又没有医院测试，是真是假拿不准。有时因怀孕失败，左邻右舍要另眼看待而传出闲言杂语。

直到左邻右舍看到新媳妇有婆婆特别关爱，不让怀孕的新娘子干重活，或发现有妊娠反应等，还是谁都"知趣"，不去寻问。直到四五个月之后，新娘子怀孕的姿态明显了，甚至家里的人还瞒着呢。有时新娘子怀孕，按时间计算，已经推迟分娩，这可给全家添烦恼，由新郎带着新娘去"跑桥"。跑桥拿今天卫生知识看，也是挺符合科学道理的，因孕妇在家休息，不多参加体力劳动，往往引起婴儿不顺产，甚至造成难产，跑桥能促使顺利分娩。

忙分娩 孕妇分娩，全家忙动，上人首先在观音塑像面前烧香磕头，感谢其送子之恩。全家人处在大喜大悲之中。南通有句民谚叫"担身（怀孕）婆娘过江汉"，两者这时都处在危难之中。旧时无医院可去分娩，多数是在自己家中生产，既无完备的接生设备，又无消毒防感染的习惯，完全凭侥幸求生。因此分娩临产之时，家人的心情十分紧张复杂，不仅有盼子女降临的喜悦，又有惶恐畏惧、遗憾悲伤的心理。旧时南通城郊风俗，孕妇强忍临产的疼痛，避免让外人知道。据传，多一人知道，分娩就得多延长一阵。一旦孕妇临产,即关门闭窗,焚化点香,求菩萨、祖先保佑。丈夫则悄悄地找接生婆,旧时叫催生婆。直至婴儿落地,全家才安下心来。

明传生 婴儿降生,无论是男是女都得向外公、外婆报喜,共享传嗣之乐,俗称"传生"。女婿亲自挑选九枚或十九枚染上红色的大鸭(鸡)蛋,外加三至五斤重的猪肉一块,另附红色喜钱若干,一并送到岳父母家,告知外孙(女)出世,母子平安。送去的红蛋、猪肉等礼品要放在厨房里的水缸盖上,表示孩子将会像江河潮水一样猛长。这一风俗与南通滨江临海的地理环境有关,他邑恐无此俗。

祝三朝 祝三朝,一般人家是与瞟(看)产妇连在一起的。亲友接过婴儿家赠送三枚以上红蛋的,该日就要备上礼品去"闹红蛋",祝三朝也好,闹红蛋也罢,一般不另行邀请。然而也有亲友未接到三个以上红蛋,因友情之深厚,无须邀请,也去参与闹红蛋,傍晚主人再一个挨一个补发,顺便也说些道歉的话:"正因事多忙忘了,对不起。"更进一步增加亲友之间的融洽情谊。

媒人是为男女两家立下汗马功劳的一员,按旧俗不要媒人的贺礼,正是因为有他(她)才促成婚事,乃至已生儿育女,不仅对贺礼原封退还,还在就餐时推举他(她)坐首席,以示酬谢。

满月饭 婴儿出生一个月称"满月",女方家要接女儿回娘家吃"满月饭"。婴儿在出产房前,必须请剃头匠把胎发去掉,谓之"落胎头",目的是剃除婴儿胎发,去除母体的污秽。然则整个南通城郊人家,在落胎头时剃法也多种多样,有称天灵盖上的头发不能动,是人一生智慧所在的重要位置,如果不慎挫伤,小儿日后会夭折或病呆。大多数人认为,后脑勺部分不能动,要留下一小撮,俗称"后发",谐音日后前途光明,能享后福。剃下的胎毛不能乱丢,用红线裹扎，吊挂在床头的插柱上，若婴儿受惊吓，看到自己的头发，就会自然入窍附体。

婴儿出门前，身穿由外婆缝制的新衣，用锅底灰或黑胭脂在前额点上一个小黑点，谓之"骑马"，等到外婆家由姨妈或舅母擦掉。此俗视为长寿的象征，正如俗话所谓"姨姨抹，舅母擦，宝宝活到八十八"。

产妇回到娘家的第一餐饭，饭碗要由母亲亲自盛得满满的，送到女儿面前，并不断劝慰，要女儿争取多吃些，以免"产后嘈"。旧时南通地处偏僻，交通阻塞，故称"难通"，人民生活终年难以温饱，尤其是农村的农民，大多以粞子饭充饥，一年中难得食上几回大米。女儿产后，身体相对虚弱，娘为了表一表爱女之心，在满月之后接女儿回娘家来调养，首先要让她吃上饱饱的白米饭。

现今，接女儿来吃满月饭，根本不在乎一碗满满的大米饭，什么鲫鱼汤、黑鱼汤、肚肺汤、蹄子汤、银耳茶、徽子茶早就煨好，女儿一到，就可让她滋补调养身体，一住就是半月一月的，直到女儿住厌，才打电话叫女婿接她回去。也有独生子女，两家并一家的，那就不再需要去接吃满月饭了。

庆"满鸡" 幼儿周岁那日，外婆家要送"满鸡"礼。所送礼物除了四季衣服、帽子外，必不可少的是虎头或猫头鞋，还有铸有铜铃的银手镯。传说银器有驱邪逐鬼的功能，使那些邪恶鬼魔不敢接近，这样幼儿童年就会少遭磨难。还将按男女送上一只公鸡或母鸡。

主家这一天也要办比较丰美的宴席，款待送礼的至亲好友。饭后举行"抓鸡"，即在幼儿面前放书本、算盘、笔、墨，或小榔头，让幼儿随手去抓，以此来推测孩子长大后的理想和抱负。

如今一般不搞"抓鸡"，但外婆家送"满鸡"礼依然存在，且规模越来越大。

"姘伙"婚　"姘伙"婚,从字面上看,是未领取结婚证就住在一起,似乎有点不合法,其实是"夕阳婚"的一种类型,在民间亦已形成一种既成事实的婚姻。

　　"姘伙"婚,大凡是男女一方丧偶,或者离婚之后,深感孤单寂寞,双方无须媒人撮合,只要双方都很满意,来来往往,相互结合而在一起,目的是相互间能有一个伴儿。"姘伙"婚比较自由,不受结婚证的约束,能合则合,不能合则分,来去自由。结合时有一方多支出生活费,也有双方共同负担其生活的,一般不与子女间有所纠葛。

　　"姘伙"婚为老年人居多,中年人极少,中年人重新组织家庭时,多领取结婚证,尤其在一方有存款、有房产的情况下更是如此。一方认为领取了结婚证,对今后继承对方的财产有保证。而"姘伙"婚者则不考虑财产问题,只图得相互照顾,行动有伴,早晚有人说说话就行了。

　　据粗略调查,"姘伙"婚在再婚中占30%以上,大多数结合得很好,双方体谅,很少吵架。一旦觉得矛盾重重时,就分居后再说,更不会诉诸官司,走上法庭。看来"姘伙"婚在很长一段时间内不会消失。

　　招赘婚　旧时,凡生了独女的人家,为传宗接代,除少数将闺女出嫁外,多数是将女婿招赘家中,外地称倒插门,而南通城郊则称"招女婿"。因旧时重男轻女,招女婿也受到户族的歧视,有的户族还想乘机敲一笔竹杠,否则在办喜事那天拦阻在要道口不让新女婿进门,弄得主人非常尴尬。故此在女儿办喜事前,就言明贴补近亲侄儿几担米、上百斤皮棉的费用,图个"太平",招赘婚有几种类型:

　　其一,大凡招赘女家的小伙子,家中贫穷,或是兄弟多的人家才会愿意。

　　其二,女性丧偶,为了继承家业,或抚养儿女,经人说合,配一个已婚或未婚的男人招赘过来,其行动范围非常小，不兴师动众。

其三，因男人生理原因，或丧失劳动能力，承诺允许让结发的妻子再招赘一个男人到家中来，虽系个别现象，但在每个村落总会出现类似情况。

其四，长女幼子型的招赘婚，长女是家庭中的主要经济来源，女儿有继承家业的能力，鉴于儿子幼小，暂时不能担当家庭的主梁，就招婿为子，与幼子同分家业，日后一并赡养老人。

三表婚　三表婚是指舅表、姑表、姨表间的婚姻。旧时无论是城市还是农村，为能省下礼品聘金，一直延续着"三表"联姻的婚姻，谓之"亲上加亲"。旧时，由于缺乏科学知识，这样违背人类遗传学的畸形婚姻尚未有人提出异议。故在一日间，准女婿将舅父、姑父等上辈改称为岳父，原本舅表、姑表、姨表姐妹却成了自己的妻子。当然也有一种原本不敢显山露水的"自由恋爱"，因平时在亲眷来来往往的交流中，接触比较频繁，无形中私下产生了爱情。但是这种三表婚姻，所生育的第二代、第三代后辈，比不是近亲结婚所生的呆、痴、哑、瘫的子女要多得多，这流传千百年的"三表"婚姻，直至中华人民共和国颁布了《婚姻法》才渐渐泯灭。

叔嫂婚　叔嫂婚从字面上看似乎有违人伦，其实也得按实际情况而定。哥哥突然故世，年轻的嫂嫂又不便于"改嫁"，在两家父母的同意下，嫂子改嫁给小叔子，小叔不叫"娶"了嫂嫂，民间称"接"了嫂嫂，从此组合新的家庭生儿育女。也有哥哥亡故，伯嫂之间产生爱情而结合的。有的嫂嫂还未跟哥哥结婚，哥哥便病故，已下了聘礼的婚姻不能白白废掉，原来为准嫂嫂的便嫁给小叔子，民间谓"接"了小叔子。第三种因哥哥生理上的原因，对外又不便讲明，要么夫妻拆散（旧时还未实行离婚），要么在暗中经哥哥默认，相互间"苟合",谓之"带手"。

换亲 抢亲 旧时,多数人家经济情况不佳,且又家家多子女,接二连三的儿子娶不上媳妇,咋办呢?心里焦急的父母就想出"换亲"的歪主意。

说起换亲,就是娶人家女儿为媳妇,或将自己的女儿嫁给对方,作为娶媳妇的条件,不管自己的女儿愿意不愿意,且又没有一点爱情的基础,仅凭着"父母之命,媒妁之言"而强迫女儿嫁给对方。这一来,往往有逃婚或走向绝路的。但大多数人家还是挺圆满的,原本在娘家是姑嫂,嫁给对方却成了嫂姑,唯准女婿把姻伯、姻叔改称为岳父,而到了第二代则有趣了,按照父母亲对对方的称呼便含两层意思,因此出现了一句"一塌括子表兄弟"。

抢亲是在儿女婚姻将"瓜熟蒂落"时,对方礼金要得过高,准女婿一时又拿不出,准新娘和准女婿还有一点爱情基础,这种情况下男女双方私下约定好,某日夜晚,在准新娘出没的地方,布置好三四个壮汉,猛然间将准新娘抢回家,仓促间"开脸"(用细线扯掉姑娘嫩颊上汗毛),推入洞房"生米煮成熟饭",待准新娘家父母发现也迟了,最后只好默认。当然也有事先预约的,迫使准新娘"就范",这种抢婚陋俗一直延续到新中国成立初期。

丧事习俗

做寿衣 老人病危期间,为办后事所做的衣服,称百岁衣,亦称寿衣。准备做寿衣的衣料,需精心筹划,计算好尺码,认真挑选,一次性采购回来,甚至连纽扣等物也是一次性选购回来。

南通城郊民间做寿衣非常讲究,有钱人家得做上九领十三层,其意是说做九件上衣,其中棉衣、夹衣俱全,否则会多上四层,普通人家也要五领七层,最寡的寿衣也不能少于三领五层。

裁缝师傅在剪裁时，很注意老规矩，如果一旦不慎"失手"，剪刀在剪布时"轧（念夹）口"，就示意不顺遂，因正是病人卧床病危之际，亦增添了一份担忧。待寿衣全部做好，打成包袱，裁缝师傅还得用红纸剪一个大大的寿字，贴在包袱上。主家将包袱接下，放在神柜上，点燃香烛，但不搞磕头等仪式，而后放置在诸如衣橱上格等高处，并燃放鞭炮，给裁缝师傅发"喜封"，至此做寿衣结束。

轮伴夜 老人患病在弥留之时，儿女结伴轮番陪伴左右，谓之轮伴夜，以示儿女们对待上人的最后孝心。"久病无孝子"，病人卧床时间过长，陪伴的子女肯定很辛苦。南通一向有孝的传统，当老人病情严重，药石无效，眼看生命垂危之际，子女们自觉地为照顾老人而尽心尽职，寸步不离，静心观察，恪守孝道，绝不推诿，并赶在"落气"之前，将其移至堂前屋停放，不作兴死在卧床上，而称为"隔梁断气"。

伴夜时不作兴流泪，因一旦流泪会给病人增添难过。同时不在病人跟前谈论如何处理后事，只是善言安慰，总是说"没事，没事"。如果病人身边无子女陪伴而逝世，左邻右舍会骂"绝后代"，其意是该人家日后会断子绝孙，很不吉利。

凡伴夜的子女，时刻要注意老人的病态变化，一旦发现异变，首先就要将病人床上的帐子推向一边，不能让蚊帐孔"堵"住亡灵漂泊野外，而遭"因在枉死城"。且随手将寿衣的上装盖在病人身上，让老人欣慰地乘鹤西去，也表示老人是穿上寿衣走的。这时子女尤其不能恸哭，以防眼泪掉在死者身上。据说子女的眼泪能让死者尸体入葬不化而成"僵尸"。

洗上栈 死者停放在棺盖上称"上栈"。上栈前需洁身更衣，丧家需请专操这类行当的"脚家"（今称殡葬服务员），且分别男女行事。特请有经验的老理发师（俗称剃头匠），将死人扶正坐在倒扣于地的竹箩底上，剃头匠口含烈性白酒，朝死者脸部喷洒，谓"含笑到九（酒）泉"。实际上这是一种简易土法消毒措施，目的在借此办法消除死者的污秽不洁之气。按理发规矩，只理前面，后脑勺不动刀剪，谓之"后发"，寓意子孙后代会发财。然后支付剃头的白纸"封儿"（高寿者用红纸），一般要高出平时理发的好几倍，以示酬谢，同时全家的子孙们也需在此理发，因按规矩，在未来七七四十九天内是不作兴理发的，理了发就算不孝。此俗延绵至今，不过已改死者坐姿为躺姿。

一切事宜停当，由"脚家"和子孙们一同搀起，端端正正摆放在棺柩盖上，若棺柩未做好，就脱一扇大门停放。两脚需用竹筷撑着，面向后墙，不可尸脸朝外，以防"还魂"时匆匆冲到门外。停尸位置，在正屋右侧第三根椽子下方，亡故在外乡者，尸体运回过门槛时需由孝子背着爬过，雷击、溺水的暴死者，需在门外搭棚停尸，为的是避免沿途跟随而至的孤魂野鬼把灾祸引入家宅。如今，南通人尤其是农家，一般不愿让亲人死在医院里，往往趁病人咽气之前，赶紧接回家中"守候待故"。

奔发丧　停尸就绪，家中推选族长、母辈邀请娘舅主持，赶紧商计后事，发信报丧，主要亲眷，非专人亲临登门不可。旧时隔日收殓，如今改为三日停放，实际不足三天，且又多在殡仪馆内举行。如果接到报丧不送"斋饭"礼，是不吉利的。凡来家中报丧的人，总要给他一点茶点，不让人家"空口说白话"。

如若丧家经济条件很差，办不起"斋饭"事宜，则由孝子自己或请人代笔用白纸一张写上一份"谢帖"，言上几句客套话，阐明家庭拮据，办不起"斋饭"，左邻右舍也会谅解，一般不再送礼。当然也有例外，虽系邻居，跟主家关系密切,就是不曾向他报丧邀请,还是要送礼品。总之,无论大小人等,凡来送礼者,孝子总要跪腿迎接,称"下礼"。有句戏谑之语:死了上人,见了坎枯草墩都要"下礼",因远瞟坎枯墩似如人影也。

急悼唁 亲友来悼唁之前,灵堂早已布置停当,首先由老人的女儿送上第一柱纸,没有女儿的由干女儿代替,然后亲朋故旧相继带来纸钱素烛、茶食水果、被面毛毯等前来祭奠。灵堂里香烟袅袅,哭声哀哀。特别是老长辈来悼唁,孝妇、孝女非恸哭不可,还时兴"数声哭",有泣有诉,倾吐衷肠,有的竟似一部长篇叙事说唱。民间有句戏语:女儿哭爹娘,连心带肺;媳妇哭公婆,连骂带咒。此时孝子则跪在一旁,不停地流泪,女眷们也陪着痛哭,直哭到又有新的客人到来为止。一直延至第三日大殓为止。

承孝服 系吊丧中的一桩"重头戏",多由持丧的司仪主持,孝子、孝妇、孝女一齐参加,孝子手执孝杖,孝妇、孝女也捧上麻布衣和袢有红布后跟的孝鞋,由司仪领词,朝一个个公亲族长行跪拜礼,并号啕大哭。拜毕,方可穿麻衣、穿孝鞋。在穿着时,各方动作非常敏捷,其意是穿得快,发财才来得快。穿好后将脱下的走鞋撂到屋檐上。此时亲友的晚辈可跟着穿着,不可在孝子们穿戴之前穿着。

跪告庙 孝子领头走在第一个,一手执孝杖,一手提着白纸灯笼,边走边哭。孝婿不穿麻衣孝鞋。孝妇、孝女也和亲友等一同跟在后面。一路直奔土地庙,谓之"告庙",其亦是向地方土地求情,免除对死者亡灵的惩罚。莅庙时一齐跪下,而后起身用手抚摸土地庙的四角,怕亡者的魂灵吊在庙角上。现今土地庙宇全部拆除,"告庙"则改在直接到田头向土地爷求情,城里此俗早废,农村依然存在。

告庙返回时,将孝子带来的死者的衣裤包袱一齐烧掉,此举可灭菌除秽,谓之"烧草"。

施化食　烧草完毕，返回中餐，请来的僧道，忙着敲响家伙念经施食，为亡灵度化。施食名曰"收殓食"，规模很为低档。不过现今反而奢侈，施收殓食改为施收殓斋事，尤其是城里人省得之后麻烦，就一了百尽。

　　哭收殓　入殓之前，由孝子、孝妇、孝女们双跪灵前"送别"，然后由治丧司仪呼喊以孝子带头、各位亲友随跟，围着遗体走上一圈，谓之"请看"，此时司仪也随时亮出随尸入葬的陪葬品，让主家验讫。礼毕，司仪领率壮汉将尸体拉起放进棺柩里，而用冰棺可免除此道程序。

　　旧时待尸体安入棺柩后掩盖时，孝子须跪在一边"挽钉"，其供挽钉用的斧头则由孝子的族长"发放"，孝子跪接，挽钉的"钉"非铁钉，而是用毛竹削成的"猪桃钉"，然后再由长辈接斧对着钉轻敲三记，谓之"代斧"，即代代会富，又叫"响钉"。之后，再由司仪将四边榫眼与棺盖间的钉眼一一敲牢。那敲钉的斧头随即安放在正屋大门的上门窝上，谓之"门庭长高"。南通城郊的土葬改为火化已经多年，此俗早免，不过大殓时，有的人家还象征性地搞此仪式。在入殓之前，晚辈媳妇或女儿亦有"抽（念仇）衬裤"之事，其目的是不让死者将生前的污物带到极乐世界去。

　　重入葬　出殡路，俗称"送葬"。棺柩将抬出门时，由女眷撑一把伞，遮住棺柩内尸体的头部，不使"曝尸街头"。按门外下首路线出发，待送葬完毕，返回时再从上首路线回家，讲究不能重复，不走回头路，去的路线距离短，返回的路线长，即所谓"后步宽广"。

　　出殡队伍由孝（长）子提哭丧杖，手执写本宅姓氏堂号的白纸灯笼在棺前引路。沿途由专人丢撒中青纸作为"买路钱"，僧道们敲打鼓钹，吹响唢呐，奏起哀调，成为南通城郊出殡的特殊音乐。其余送葬人等尾随棺后，一路缓行抵达已开挖好的墓地。中途一般不可停顿休息，若遇上路途稍远，也得逢桥过坝才可停下稍息片刻。

棺柩送至墓穴旁，子女就地跪伏，孝子跳入墓穴内用孝衣在墓穴周边揩抹一遍，谓之"洁墓"。专事司仪，随即点燃中钱纸"暖墓"。然后抬起棺柩放稳，司仪催孝女抽抬棺的绳索，谓之"抽玉带"，要付"礼封"，再铲一锹泥土堆在棺盖上，再抓一小撮土用红纸包回，谓之亡灵的"魂魄土"，带回家中供饭用。道士包土时，边包边念："知摩保举，度品南宫，亡魂受炼，先化人雄。"包好后交孝媳，让她放进俗称兜魂包的围裙里。带回家中，此包泥土置于牌位下面，意思是死亡者灵魂已带回家中。掩埋结束，由孝子抓三把泥朝棺盖上撒去，称"入土为安"，然后由低向高撒，当第三把撒得最高时，办事司仪一边助劲高喊："步步高！发财！发财！"最后留下专事人员盖土，做坟。

立牌位　牌位用木质制成，高约不足尺，写上亡灵名氏，摆在堂屋下方，面向朝外，桌前围上白围幔，置一对素烛烛台和香案，有的人家直接摆上已放大的相片，在烧好纸库之后，亡者所有子女都一个挨一个在牌位前跪拜，拜好，还要扶动一下灵位桌子，表示下回不会惊动魂灵。

至此，丧事基本结束。

崇信禁忌习俗

崇敬信仰与禁忌民俗，两者之间本就不能分割，只能用先哲两句话来概括：信者则有，不信则无。当然原先所确认的禁忌民俗，现则视为陋俗。

福禄寿 福禄寿三字，在民间象征家庭幸福美满、人寿年丰、欣欣向荣的和谐氛围。所以在起房造宅的堂前屋正梁上总要贴上红彤彤的以"福"字居中，"禄寿"左辅右弼的三个大字，当成对今后全家儿孙们能够鹏程万里的祝福。有时逢年过节也喜欢将福禄寿嵌入对联中。像寿比南山松不老，福如东海长水流；福禄寿三星拱照，工农兵四海一家；五福临门，鹿（谐音禄）鹤同春；门迎百福，户纳千祥等。

随着生活的不断改善，福禄寿已纷纷走进寻常百姓家。

崇麒麟 民间年画"麒麟送子""状元骑马"以独特的艺术魅力走进寻常百姓家，每逢过年，家家总爱将这类年画张贴在房门上，尤其刚办喜事的新房的房门非贴上"麒麟送子"。看那画家精工细作、刀刻爽利、线条粗犷、五彩缤纷、图案性强、极富装饰效果，又巧妙地画得栩栩如生，威严气浓，像要腾云驾雾般从空中降落将"童子"送来，真是活灵活现。同时在门楣上还要贴上麟趾呈祥和两边楹联：喜见红梅多结子,笑看绿竹又生枝,用以祈求早生贵子,也是全家的希冀与期望。

敬财神 农历正月初五为商家敬奉的财神节。财神分为文财神、武财神、五路财神。传说正月初五是财神生日,大清早甚至半夜子时之后,家家就开始烧财神利市,燃放鞭炮。敬财神人家供奉的财神纸马,有天壤之别,文财神像胖乎乎的,相传为殷商时代的比干,也有称是春秋时期范蠡的化身。武财神面目黝黑,胡须浓密,身跨黑虎,相传为四川眉山罗浮洞的赵公明。《崇川竹枝词》留有"三牲纸马祭财神,祭罢财神请客人"句。说的是祭财神不是目的,请上"头面"人物才是本意。

在烧财神利市时,主家在财神像前供黄酒三杯,同时将家中房屋田契、财本账册、现金钱币一并捧出供奉于财神像前。跪敬利市时,全场寂寞肃静,鸦雀无声,香烟袅袅,烛光摇曳,然后三起三拜,按尊卑长幼一一叩头,如有商家伙计人等,由老板唱名上前叩拜,也算是对下属的一种赏赐。因为老板唱到伙计或账房人等说明该年仍然录用,不被唱上名字的,就有可能被辞退,尽管一同参与吃利市酒,席后老板随后发给遣散费,就立马走人。

现今正月初五敬财神、供纸马之俗已基本绝迹。凡烧财神利市人家,以鞭炮多少体现隆重程度,那些三拜九叩首的"关目子"均已全免。而烧利市改在开业前,大家忙乎一阵之后就纷纷各就各位,各司其职地开始新春佳节后的劳作。

取侯名 旧时替刚生下的孩子取侯名唯南通独有。虽然名字仅仅是个符号,关系不到一个人的休咎贤良、聪颖愚昧,但取"侯"字就意味深长了。其实侯与猴早就"沾亲搭眷",又系谐音。侯为公侯伯子男王爵之一,《群猴闹春》图表示"国泰民安",猴子骑马,表示"辈辈(谐音背)封侯",还有猴子跳到枫树上挂印,象征"封侯挂印",不仅封了"侯",还有职有权而掌握"印把子"。

过去人们重男轻女,生下的儿子叫的是"侯",女儿却叫"丫头",也有为了盼儿的夙愿,第一个生下女儿的话,就取名为"领侯""莲(谐音连,连带之意)侯""等侯"。有的人家连续生养的话,就干脆取名"大侯""二侯""三侯""四侯"。所以迄今还流传着"新大侯、旧二侯,缝缝补补小三侯"的俗语,比喻贫穷人家,由于子女多,老大生下时尚能穿上的新衣,半新半旧留给老二,而老三、老四只好穿上打满补丁的破衣裳。

在改侯名时,某些在特殊环境下所生养的儿女(不分性别)取上特殊名字。比如,为生计还奔忙的孕妇,不愿放弃临产前的劳动,匆忙中竟将婴儿生在路上,于是就取名"路侯"。有的担忧孩子早夭,在颈项间戴上银制锁环,就取名"锁侯"。有的婴儿还在娘肚里,父亲就去世了,生下后就取名"银侯"。从育婴堂领带回来的叫"堂侯"。人家故意将婴儿丢在门口的叫"野侯"。野在南通方言中为多的意思,表示人丁兴旺,儿孙满堂。好些为能让孩子像十二生肖中的动物一样不惧风雨,个个生龙活虎,而改名"虎侯""兔侯""狗侯",以示虎的威严、兔的机灵、狗的尽职。

当然取名也有按瞎子算命胡诌五行中金木水火土的,孩子命中缺啥补啥,比如缺金叫"金侯",缺木叫"林侯",缺水叫"泉侯",缺火叫"炎侯",缺土叫"奎侯",等等。因子女接二连三地生养,几乎到了无法控制的程度,只好无奈地改叫"住侯""末侯","满侯"。

南通取名尾音侯字的风韵,直至20世纪50年代末60年代初,才被典雅、通俗的遣词用字逐渐淘汰,不过在叫法上,上辈们还习惯带有"侯"字尾音,表示对晚辈们的疼爱。

敬太阳 民间对太阳的崇信非常古老,称太阳为太阳菩萨,还给它安排了一个生日,就是农历三月初一。在钟秀街道北土山建有太阳殿，供奉的就是太阳菩萨，每年三月初一还有不少善男信女去烧香。

太阳照耀着万物生长，与老百姓的生活休戚相关，缺一少二，不能没有太阳。加上古神话《夸父追日》和民间许多有关太阳的传说，更增加了人们对太阳的敬重。

农历每月初一，老农称为朔日，因此农民给庄稼施肥挑粪，总要避开初一。连家庭主妇将煮饭烧菜用的铁锅上的烟垢刮掉，称"刮锅"，也不准对着太阳，一般总放在太阳下山之后。赌咒发誓的往往跪朝太阳，请太阳菩萨作证，故此对太阳的尊敬就不言而喻了。

镇将军　过去，民间凡遇上三病六痛，无钱请医抓药，多请巫师、巫婆来祛邪治病，其中就有一项系镇将军。

镇将军选择的位置为患病者房门一侧的屋檐下，在那里置一块宽厚的托板，板上放一件耕田的铁犁头，有的用一块青砖雕上将军头像，上面摆着小香案、一对小烛台，且念念有词做些"关目子"，表示请将军入座，用来作为祛邪压禳的镇宅之物。大人吩咐孩子不要无故经过此地，以免受到将军的无意伤害。有了将军镇宅，妖魔鬼怪再也不敢闯入宅中。

民间叫的镇将军，实际是石敢当的变异。在南通城内掌印巷、红英巷口的墙脚下，曾有用花岗岩雕成的人像嵌在墙内，像高61厘米，底座宽22厘米。世灯庵巷、江家巷口也有一块刻石，雕成人形，上镌"泰山石敢当"五字，老人却称为"石将军"。每逢初一、十五，还有信奉者在此烧香。石将军与镇将军仅一字之差，也许是城里传到乡下，以讹传讹将名词的石而说成动词的镇。镇为镇宅压邪之意。

关于镇（石）将军，在古书上曾记载过这样一段文字："石敢当，镇百鬼，压灾殃，官吏福，百姓康，风教盛，礼乐昌。"用在一个地方，可保一方定安，用在某某一家，也使妖魔鬼怪难以入宅。带来"官吏福，百姓康，风教盛，礼乐昌"。

镇将军的崇信在新中国成立后,随着破除迷信、破四旧早已灭迹。城里的"石将军",也只留存在于人们的记忆之中。

择喜日 择喜日亦是民间自古以来的一种崇信。不过旧时以历书为依据,看它所标注的某日是"黄道吉日"还是"不宜出行"。所以无论是建房造宅的开工,还是结婚喜庆,都一定要选定一个吉祥喜日。

旧时文盲居多,择喜日需请私塾先生代劳,给点薪酬。有的请盲人算命,按金木水火土五行,结合男女青年及父母长辈的生肖综合算命,用以择选。盲人算命非常烦琐,但一旦喜日选定就不能更改,若遇上喜日发生突然事件,也只好一并办理,以主次而分,若要改日期,只有提前,不好拖后。

现今择喜日依然存在,以历书算命为主,自己选定为辅,大凡自选为双日与月圆的月半、十六。在选双日时,又多避开"四",多选"六""八",取六六大顺、八八发发,国家法定假日的"五一节""国庆节""元旦""春节"就不在此限了。不过诸如企业奠基、重大工程开工,多选含有"八"字之日,比如8号、18号、28号,或初八、十八、廿八。

坐首席 首席为主人招待嘉宾参宴的最高荣誉,不懂坐首席的宾客谓之不懂礼节;不会安排客人坐首席的主人谓之不懂规矩。首席的安排须遵守长幼有别、地位高低、男左女右的规矩,不过将从未莅临的"新亲"推上首席,即使是年长者也不会计较。坐首席者,往往自持谦虚、互相推让,议论一番,闹闹哄哄,成为宴席"起动"前的一道客套礼仪风景。

以前,总以八仙桌待客,请客时以中堂为客厅,一桌则摆在中堂靠山墙的左边,靠神龛、背靠左边山墙之位为首席,不能越矩。二席在首席的对面,三席与首席同凳,四席与二席同凳,五席脸向外,背靠神龛的左边,六席与五席坐对面，七席与五席同凳，末席在七席的对面，一般主人安排让他为全桌上的宾客斟酒。

如果是两桌宾客，副首席则与第一桌相反，副首席也是紧靠山墙，脸与隔桌的首席"打对面"，其余以此类推。倘若摆上三桌，为品字型，一桌摆在堂尾靠粮柜的中间，另两桌相似，里边左面一桌为主桌，右面为二桌，左边靠门槛为三桌。倘若摆上五桌，称为梅花型，中间一桌为主桌，首席就是中间一桌左边向外的一席。

旧时，首席的座上宾多为状元以及举人、秀才及高中学子的老师；为家中诊治疾病转危为安的医生；拔刀相助、鼎力相救的恩人；上梁站柱的木匠师傅；开田莳秧栽上行的领头者；会亲时新娘家的父母；结婚"坐桌子"的新娘，首次到岳父母家的准女婿；结婚喜日的"红媒大哥"。此外，长辈父系伯叔逝世，母系舅父等均是首席的座上宾，不可越矩，也不可"滥竽充数"。

随着时代的变迁，八仙桌已逐渐"退位"，多以圆桌办家宴，一般不多考虑首席安排，而讲究人家，特别款待新亲，还会安排首席。

寄假名　旧时，无论是富贵还是贫穷人家，对生养的子女，都寄托无限的希冀。盼子女长大成人，能够聪颖能干，出类拔萃，长得结实，少遭灾殃。一些做父母的生怕自己的子女日后发生三长两短而夭折，就寻找一种自我安慰的办法，借助神灵的保佑，来寄佑菩萨麾下，故曰寄名。

寄名选择好黄道吉日，由父母领着孩子，很虔诚地到庙宇寺观，奉上丰厚的寄名费，填写好生辰八字及属相、年龄，由主持或庙祝给孩子"挂上号"，取上一个词语华丽又表示祝福的大名，孩子就成了假和尚或假道士。而后孩子可得一顶小型的僧道冠帽。逢年过节主持或庙祝还挨家对寄名的假和尚或假道士馈赠象征性的礼品。端午节送上画有狰狞威武虎形、五毒（壁虎、蜈蚣、蜘蛛、蛇、癞宝）图案用于祛邪的黄布兜兜，生日送上嵌有瓜子片的蛋糕，过年送上小小一包红枣。逢到庙会，正是寄名的弟子们该"破费"的时候，像至亲一样带上香烛供品和"喜封"，到庙宇中"还佑"，大概是偿还一年菩萨的保佑，恭恭敬敬地谒见朝拜神灵，然后跟在菩萨轿子后边"保驾"。

岁月流逝，这班将长大成人的弟子，已至及笄之年，须向寄名的寺观去"赎生"，否则不敢贸然越矩结婚。赎生的仪式是很隆重的，也系寺观主持最后一次"索取"的机会，对寄名者按家庭贫富"开价"，若是殷富人家，索取赎生费多达数担米、几挑皮花款。即便是窘贫的寄名者，也得送去满满两竹箩礼品。寄名者由几名嫡亲长辈陪同，跪在寺庙中神主坐榻前，默默地祈祷一番，主持还率领看家弟子吹打弹唱，为其祝福，然后再相聚小酌一顿。

如果寄名弟子因家庭搬迁关系，离原寄名的寺庙较远，跟庙主协商，经过联系，还可"转户口"，到邻近的寺庙"注册"，一旦取得"认可"，其"待遇"不变。

现今此风依存，不过不像以前那样麻烦，寄名时重在"赞助"庙宇的经费，当然多多益善，反之回赠的"礼品"也优厚，将某某捐赠弟子的名字镌刻在庙宇显耀的位置，真是大名显赫。至于以后的关目子也就免除了。

迎春燕　在"杏李争妍一片银，菜花落地一片金"的季节，彩蝶翩翩起舞，紫燕呢喃旋飞，三对两对忙忙碌碌选址营造燕居。

半个多世纪前，南通城郊，别说楼房，连瓦房也很少见，而每年春末夏初许许多多春燕飞来飞去，却选在屋檐高敞、门前清爽的草屋廊檐下筑窝。屋里的主人不仅不去逐赶，还在燕子精心"施工"时故意避开，可见南通人颇有爱鸟品德。众所周知，燕子是捕虫的"骁将"、农作物的保护神,因此南通祖祖辈辈传下欢迎燕子来家里做窝的传统。老人教诲晚辈,燕子能在某家筑窝,就表示某家"宅放浩气",就似对联中所讲的"紫气东来"一样。并说"燕子来筑窝,金银朝家搬",表示燕子做了窝,将来可发财致富。

其实老人的说法与教诲,不外乎保护益鸟。时下均为钢筋水泥建造的楼房,门墙非常光滑,给春燕筑窝增加了很大的难度,然而具有爱鸟传统的南通人,依然在光滑面上装上一块小小的平板,让燕子筑窝减少麻烦。

婴儿锁 旧社会,缺医少药,婴儿出生时卫生条件很差,夭折屡见不鲜。做父母的非常担忧,在束手无策时,不知谁创造发明了婴儿锁,说能"锁"住出生后的婴儿,不会在襁褓中夭折。

婴儿锁为银制品,系一根约三毫米粗的银丝条,再弯成重叠约三分之一的圆圈,折一活络钩,可以随着颈项的增粗将银圈放大,银丝条质地比较柔软,攀折并不困难,并在锁间铸"长命百岁"四字。

婴儿锁在婴儿出生后就戴在婴儿颈项间,一直戴到婴儿长大成人结婚时才脱掉。在脱婴儿锁前,本人需跪在家堂菩萨前祈告一番,其意思是说:婴儿锁保佑了我健康成长,菩萨在暗中护佑,也有一份功劳。

如今,随着医疗条件的改善,婴儿死亡率明显降低,戴婴儿锁的"关目子"不再存在。

撷梦趣 日有所思,夜有所梦,实质并不尽然,有时梦做得非常恐怖、离奇,就是所谓噩梦。青年人一般并不在乎,老年人却当成一回事,似乎梦与生老病死、前途等都有密切关系。

做了梦,就要佯梦。佯梦就叫解梦,识字的人按照周公解梦图去理解,没有《周公解梦》的书呢,有的人将梦闷在肚子里,有的人则向亲属传递,有的人对做的噩梦特别害怕,就请教知己,甚至还请人解梦,怕梦中的事真的会发生。青年男女做的美梦,当然作为"隐私"的范畴,不愿向外"泄密",只能自我陶醉了。

做梦者最忌讳诸如"掉牙齿""生孩子"等不祥之梦,而认为"遭遇火灾""发洪水"倒是吉祥之梦,尤其是遭遇火灾扑灭不了,就预示财运将苾。如今喜欢买彩票的年轻人还专门研究"梦遇",把梦当成买彩票中大奖的筹码。挑选彩票号码时,与梦中之事"对号入座"。

做斋事 民间有这样的说法:吃在扬州,玩在苏州,葬在通州。南通古来就以孝顺闻名,而重视"厚葬",厚葬是一种孝敬亡故父母的形式,侧重于做斋事。旧时认为做斋事是孝敬亡灵的表现,因此做斋事在南通一直延续了很长的时间。

做斋事依"经忏"多少,分为不同等级标准,每场得花上数千元,甚至高达万元。相信者曰:敬祖,敬祖,才有得煮(祖的谐音);反对者则讥讽僧道在念经时的作假,曰:精肉盘子、肥肉盘子,你一盘子,我一盘子,根本不懂念经,装着念经、哼经的样子,以此骗取钱财。

做斋事又称做道场,请来僧道念经拜忏,超度亡灵。道场一般摆在堂屋中央,若场地不够,另搭敞棚,竖起迎风飘扬的招魂幡,用彩纸扎成的疏,悬挂在经堂的梁上,营造一种肃穆、庄重的气氛。疏的规格少则六支,多则十三支,图案有喜鹊登梅、凤串牡丹、和合二仙,并配有仙鹤、金鱼以及十二生肖图案。另加植物图案的葫芦、荷花、葡萄、芭蕉、梅兰、竹菊。挂疏四周绕有三道花边,有梅花纹、香草纹、万字纹多种。疏须用刀刻成空心图案,正中挂亡灵主疏,俱用七彩纸镶拼缀成,并写上亡灵姓氏及斋主大名。

做斋事的仪式按程序进行,大致分为开坛奏乐、元旦功课、吹弹画字、宴请祖先、监斋起水、发文跑方、请佛、请观音、请地藏、请三宗、请祖先、施食、度桥、烧库、上台、破血湖、破狱、破九州、安家神等。

如果是大斋事,就有近四十道仪式:洒扫篷居、供列神像、执事登场、琳琅振响、降生神咒、借地表文、净坛解秽、二天神咒、响弹功课、午斋正宴、奉请水水、二赵二将、五才旋绕、开演琅函、玉皇亡经、大发公文、指挥官将、请碟总召、酒斟三献、奉送符官、救苦表文、三宝献供、晚斋正宴、内外祖先、完忏行香、勒召神虎、居玄笈文、玉皇表文、五老笈文、慢忏复炉、典破狱户、五岳符文、升度仙桥、吹打放灯、司祝上台、焚烧宝库、安度家神等。一直要做到两天一宵,才收场,故此不相信者讥讽为"纸库烧成灰,米饭喂了龟"。也有人无奈自叹:"出钱是功德,不管有用或没得(即没用)。"

扎库师傅为配做斋事,扎的纸库在门槛上写上:"看见阳间花世界,谁知地府也逍遥。"用来安慰健在的老人。

配阴亲 一个人走完了人生的旅程,进入了另一个世界,应该说是无怨无悔,没有牵挂,更说不上有什么寂寞。然而做晚辈的或长辈对早夭的子女,总有个放心不下,认为不能让另一个世界里的灵魂"守空巢",没有个伴儿,于是过去在民间就有了配阴亲的习俗。

配阴亲大致有两种类型,一为同父异母和同母异父的,或前夫后妻和前妻后夫的,只要一方故世,一方就变成孤单一人,民间不肯葬孤坟的,孤坟要影响后辈的财路,所以得给孤坟配一个阴亲。另一种为未婚的男女,或婚后不久就故世了,鳏夫之后再娶,寡妇之后改嫁,这原先故世者,就得配以"阴亲"。有时两家的子女为了抢回对方故世的父母木枢,抢回来跟自己已故世的父母配阴亲,甚至还大打出手,诉诸法律。

配阴亲与闺女出嫁一样隆重,有彩纸扎的空轿,衣帽、裤衫、被褥、帐幔，还有嫁妆等，形成一"娶亲"队伍，多为女方向男方"靠拢"，故世的前父母，就不在此限了。

配阴亲还得取得亡灵的"情愿"，两家经过物色商量，将未婚或一方已婚的遗像摆在一起，拈起瓜爿形对合着的筶帚，由长者在两遗像前默默"通声"几句，大意是：父母准备为你俩配对成婚，你愿不愿意？这样将筶帚连丢三次，只要有两次属于"愿意"一折，这配阴亲的前道程序就算通过了，如果全为"不愿意"，主持人再搞一遍，嘴里咕噜咕噜说着，总而言之要到两亡灵"愿意"为止。

两家配了阴亲，两家的人员也成了"亲眷"，在做斋事给死者时，家里主人就称呼某某是儿子的岳父岳母，某某是女儿的公公婆婆，配阴亲的"关目子"就这样完成了，也算了完成在世者的夙愿，自我安慰自己的儿女死了之后还是成双成对的。

踩门槛 闺女出嫁后，要想能取得男方家的主导地位，进入新房之前，必须在喜娘搀扶下急促地将双脚立在门槛上，两眼朝家中正梁窥看，谓之踩门槛。

新娘的举动，在人挤人的情况下不太能引起男方的注目，但有时也会被男方懂得这规矩的老人所识破，就暗地嘱咐新女婿在同新娘回门时藏一锯子，将女方门槛轻拉锯一条缝，就意味着"破了法"，双方均"太平无事"。在"破法"时双方往往会发生争执，这时只有由媒人老爹来斡旋而化干戈为玉帛了。

"新娘踩门槛，婆家眼不翻"，表示不当一回事，甚至婆婆认为，自己的儿子忠厚老实，非得要有一个爽利泼辣的儿媳来"调教"，让儿媳掌大权，日后才会大发。但往往事与愿违，新娘踩过门槛，若恰巧遇上三病六痛、事故频发、口舌纠纷等一系列不顺遂事件，就会联想到新娘踩门槛上，"罪魁祸首"就是新娘了，也有为此闹成官司和命案，此类习俗,自改革开放之后很少发生。

看风水　看风水为两方面专用之术。一是起房造宅,要请风水先生(也有称阴阳先生)来看风水。风水先生手执一罗盘,实质是指南针,用以定方向。因风水先生首到异地,并不了解方位,凭罗盘中的指南针,就很快能定出方向。他心里也知道:建造东南方向屋,子孙代代能享福。民间有个不成文的规矩,只有庙宇要正向朝南,而民舍是不可与菩萨争方向的,所以就要"偏向"一点,如果目测不一定准确,指南针所指角度岂不一目了然了?

另一方面就是祖先亡故之后的殡葬地,甚至比看建房的风水还要"顶真",祖宗坟地的好丑,关系到子孙后代的成败。好的坟地风水,多系墓前有山有水,有庙,但不宜放在房前屋后,这些地方不宜亡灵的进进出出而成为"鬼门关"。

正因为人们对风水重视,对风水先生的招待也挺热情,酬金也倍加丰厚。如果子孙后辈繁荣昌盛,就赞誉风水先生灵验,如遇上不顺心的事件,就会埋怨风水先生使了坏心。某某家子孙酷爱赌博,就联想到阴阳先生看祖上坟地时,让其祖宗葬在"赌地"上。除此之外,还有起猪圈、盘厕所也请风水先生看风水的,迄今还不曾发现看这等"风水宝地"对子孙后代能产生什么真正的影响。

走阴差　旧时走阴差多数是中老年妇女,有丰富的社会经验,了解方圆数里内的人情世故,对于家长里短,"如数家珍",能言善辩,请她来"走阴差",问起亡灵在阴朝之事当然能对答如流。

阴差二字,顾名思义,就是阳间的人到阴间去办事,阴差躺在床上,紧闭双眼,嘴里念念有词,尔后装成死人一般,约一炷香功夫,长长地一声长叹,表示亡灵的魂魄已经附身,接着就可问长问短,阴差尖着嗓子装成亡灵,与家属后辈对话。如果寻问者问到亡灵不好解答的问题,阴差巧舌如簧以"这些老话不要再提了"来掩饰。倘若所问的话无法回答,就"伸腰仰肚",表示亡灵远逝而去。总之能糊则糊,能骗则骗,回答模棱两可,甚至说在阴间日子过得挺好等来安慰活人,这样让询问者出了钱,也心安理得。时下这类"关目子"早已绝迹。

立测字 南通城里在过去能看到测字摊儿,测字摊儿的布局很简单,悬挂约三尺见方的帏幔,上书"熟知前后五百年",再在一张小方桌上摊一绘有八卦图的"测字摊",摊主善察言观色,随机应变。

待测字时,问卜者随手捡一字交测,主测者按字义,看年龄,看穿着,看形态,于是即席而编,多为奉承之言,不外乎何日高中,何日落第,将来的配偶如何以及生财之道等。总而言之,凭着一张江湖嘴胡编乱造。

如果问卜者心遂不灵,问东问西,主测者又使出一招,吓唬问卜者一下,逼得问卜者只得多出钱钞用以"解厄"。

坐看相 看相其实是观察人的五官面貌,以此来预测祸福,看相的人多为里下河地区来南通的中年妇女,走街串巷,乡间田埂,一路上,沿途边喊着:看相剪花样哎!她们不仅会看相,也会剪花样,什么鞋帮、围裙、绣枕上的花样都能剪,剪花样时,又可替人看相。

人们喜怒哀乐多容易表现在脸上,尤其是生病的人,脸色苍白,不像正常的人脸色红润。看相者正是以此"察言观色"道出凶吉祸福。如果遇上难解决的困难,肯定不会"喜形于色",高兴时,则会喜笑颜开。看相者正是利用此机胡诌一通,尤其抓住女同胞胆小的心理,用模棱两可的话,让听者如坠入云里雾里。新中国成立后此种现象基本绝迹。

偷坐堂 坐堂为旧时巫婆或巫师搞的一种专以骗人为目的的迷信活动。巫婆或巫师,起先自封某某狐仙附体,还是钟馗莅临,有时"敕封"的"仙衔"很大,以此来愚弄迷信者。

开始坐堂时,巫婆躲在幕幔背后,双目微闭,哈欠连天,尖着嗓子,哼起京调。这时坐堂者便开始讲话,询问的范围很广,特别是三病六痛的居多。他(她)所回答的,不是祖宗作祟,就是哪里碰上"碍方",弄得听者不知所措,尤其老年妇女最为信服。现在此俗已基本绝迹。

摇炀锡 摇炀锡又称"叫吓"。炀锡就是用锡块、碎锡、锡珠儿,置于铜勺里,中间加点食油,在火焰上"炀",因锡的熔点低,很快就变成锡液。这时由老妪手执铜勺柄,在因惊吓所引起的精神恍惚、发热无汗等症的小孩或少妇蒙一块黑布的头顶上连摇不停。老妪不知念着什么口诀,尔后把锡液倒进凉水盘(或碗)里,耳听一阵炸响,锡液突然遇冷,顿时收缩,变成各种图案,有小狗形的,有小猫形的,有桥、河,等等。

这时老妪按锡块的不同图案,就胡诌说出患者是被狗呀、猫呀、人呀等等惊吓的。孩童见摇炀锡倒蛮有趣,不禁心情豁然开朗,恍惚之症也会慢慢痊愈,甚至感冒一类的小病小痛,就是不吃药也会自愈。随后老妪收一点"出诊"费,时下此类"关目子"偶尔也有发生。

雀衔牌 这是一种借助小动物占卜的形式。操此业者多系过境的外地人,他们随身拎着一只精制的鸟笼,笼里放一只黄雀儿,南通人叫"黄圆儿",其学名为"棕头鸦雀"。黄雀儿经过主人的专门训练之后,基本能按主人的指令,从笼内飞出,跳到地摊上去衔字牌。这种字牌也是黄雀衔牌中的主人预先设计好的,字牌不多,向四周辐射的社会观察却挺复杂,这一下主人就可以按照字牌上的字,一一向卜者解释。

黄雀儿怎么会"识字"?其关键据说是在字牌上涂上黄

雀儿喜欢啄食的一种气味，字牌经黄雀儿的小嘴一衔，迷信者对此就不产生怀疑，再经过主人的解说，更是佩服得五体投地。此俗现已基本绝迹。

亲扶乩 扶乩，是旧时占卜的一种方法。新中国成立前港闸笞帚圩桥（今高墩圩）旁的鼎香台、任港乡的茶庵殿均有此类扶乩场所。

扶乩的机关制作，是用一钢丝或粗线吊于梁上，扶乩道具为竹木支架，机动灵活，前后左右转动自如，操作时也很方便。扶乩道具下置一沙盘，散上沙粒或烧积下的香灰。

前来问卜吉凶祸福者，先烧香磕头，自报要问卜何事，主持扶乩者也认真听明白，一边念念有词，恭请神灵下坛，暗使扶乩道具的乩头转动，表示神灵已经降临，就按问卜者的问话，写出几个字来，有开列的药方，有事情的原委，信奉者对乩头（实是一笔头）能写字早已佩服，于是乖乖地丢香钱酬谢。其实乩头能动，亦是另一辅助者（躲在幕后）之"功劳"。此俗现已基本绝迹。

明问卦 打卦先生，多系外地人，手持木制空心"卦卜"，一路走来，用手指不停地拨弄卦卜，发出敲击声，老远就让人听到打卦的信号。

问卦者一听，赶快邀请打卦先生，先谈妥问卦价钱，打卦先生从暗里掏出一张八卦图，然后将卦板在念念有词声中，落在八卦图的任意位置，打卦先生就天南海北胡诌一通，让问卜者听得似懂非懂，在丧伤相连、生意蚀尽、田禾绝收、灾害频发、天灾人祸面前，不知所措。为此打卦先生趁机以"解卦"的方式，敲上一笔竹杠。做不做随你，问卜者只好乖乖就范，撒钱消灾。打卦虽绝迹多年，时下偶尔也有串乡走街的卖卦人，打着"问卦不准不要钱"的招牌，来骗一骗年纪大的老者和正在热恋的青年男女。

暗求签 新中国成立前凡是庙宇均有签筒，让大家求签。签筒写上"有求必应"字样,求签前,先在菩萨龛前点燃香烛,然后祷告一番,跪在蒲团上磕三个响头,双手将签筒举过头顶,连续颠簸三记,故意将签筒朝地倾斜,让签从签筒内跃出。守候在一旁的"主持"(并非庙中长老),以标注的签号,通过核对签簿,再写下签语。

签语虽仅七字四句,却包罗万象,男女婚配,祝福求财,一应俱全。如求婚的签词为:"儿孙满堂五福全,观音大士送佛珠,笑看梅花多结子,发家兴旺度春秋。"签又分上上、上中、下中、下下等级别。求婚时如碰上"逆水行舟遇狂风,万重楼阁遭雷轰,砻糠搓绳灰筑坝,鲤鱼溅落渔网中"的下下签,主持会给一个圆满的解签:"本庙里的签是反的,下下签实则上上签。"让求卜者"出钱为获福,用掉也舒服"。

樟柳神 樟柳神是一种很荒诞的民间巫术,现在已经消失,知道的人并不多。樟柳神说神不是神,说鬼不是鬼,如果看清人宣鼎《夜雨秋灯录·续集》卷一的那篇写得婉妙动人的故事,那就会以为只是个可爱顽皮的小生灵。一个木雕的小娃娃,能说话能唱曲,最主要的是有预知的神通。

樟柳神的神异应该与雕刻它所用的木质有关。一种说法望文生义,认为樟柳神就是用樟木与柳木接凑,雕刻而成人形(清破额山人《夜航船》卷六),又有人以为"取樟木作灵哥,柳木作灵姐",都是指樟、柳二木。但也有人以为纯用柳木,甚至有说仅用柳枝者。言及制造预报功能的"柳人"说:"炼时选择吉日,取东方常流水边的柳枝一段,雕刻成人形,长二寸六分,按阴数眉目七窍玲珑,左手阳印,右手阴覆,头挽双髻,身著绿衣。"但以上诸说似乎并不妥当,因为樟、柳二木都太普通。明谢肇淛《五杂俎》早就指出,其木为"樟柳根",而"樟柳根"并不是樟树和柳树的根,而是另一种植物"商陆"。

所以清张尔岐在《蒿庵闲话》中认为,樟柳神的正名其实是章陆神:"左道刻章陆根为人形,咒之能知祸福,名章陆神。"商陆这种植物,在《尔雅》中叫作"蓬荡",李时珍只说它有"逐荡水气"的功效,对它根部的灵气似乎不大注意。

　　旧时南通城郊对樟柳神的敬仰颇为盛行,乡下常见一老妇"应邀"就能为主人讲述亡故的先祖在阴间发生的事件,同时也会穿插谈到阳间发生的家庭琐事,讲得非常逼真。讲话的人并非老妇,而是藏在衣兜里,据说在荡鱼虾时获得的一三寸许木雕形似小人的樟柳神,其声如小儿啼哭,含糊地对听者叙述。